五島勉（ごとうべん）「ノストラダムスの大予言」発刊の真意を語る

RYUHO OKAWA
大川隆法

まえがき

最近、この六月に五島勉さんが亡くなったというニュースが流れた。おそらく、三十歳ぐらいまでの若い人たちには、「過去の人」として、その名前さえ忘れ去られているだろう。当会の若い人たちも、映画「ノストラダムス戦慄の啓示」が一九九四年に上映されたので、そのビデオぐらいで少し知っているぐらいだろう。

幸福の科学の最初の映画作品なので、産みの苦しみを味わったことを憶えている。ただ、恐怖の予言シリーズに便乗するのは宗教としてどうなのかと考え直して、路線を変えて、その後十年以上は理論書中心に布教してきた。

しかし、唯物論的科学主義が、「学問そのもの」のような顔をしてきた。新宗教ブームが鎮静化する過程で、人間の魂が「心の正体」であることや霊界、実在界を知らない人々が増えて来たので、二〇〇九年頃から、再び霊言集を出版している。

本書では帰天後の五島勉氏の霊が、世紀末ブームとは何だったのかを語っている。中堅年齢以上の方々には懐かしかろう。

二〇二〇年　八月四日

幸福の科学グループ創始者兼総裁　大川隆法

五島勉「ノストラダムスの大予言」発刊の真意を語る　目次

五島勉「ノストラダムスの大予言」発刊の真意を語る

二〇二〇年七月二十四日　収録
幸福の科学 特別説法堂にて

7 危機の時代に必要な心掛けとは

「霊言現象」とは、あの世の霊存在の言葉を語り下ろす現象のことをいう。これは高度な悟りを開いた者に特有のものであり、「霊媒現象」（トランス状態になって意識を失い、霊が一方的にしゃべる現象）とは異なる。

なお、「霊言」は、あくまでも霊人の意見であり、幸福の科学グループとしての見解と矛盾する内容を含む場合がある点、付記しておきたい。

五島勉「ノストラダムスの大予言」発刊の真意を語る

二〇二〇年七月二十四日　収録
幸福の科学　特別説法堂にて

五島勉（一九二九〜二〇二〇）

作家。北海道函館市生まれ。東北大学法学部卒。上京後、「女性自身」（光文社）の創刊時からライターとして参加する。一九七三年、人類が一九九九年七月に滅亡することを示唆した『ノストラダムスの大予言』を発刊し、二百五十万部を超えるベストセラーとなる。本書は世紀末ブームの火付け役となり、その後、シリーズ化された。

［質問者四名は、それぞれA・B・C・Dと表記］

1　日本に〝世紀末ブーム〟を起こした五島勉氏

新宗教にも影響を与えた『ノストラダムスの大予言』

大川隆法　夏になってきましたので、ちょっと怖い話をしようかなと考えていたのですが、最近のニュースとして、「ノストラダムスの予言書」等について数多く解説を書かれて広められた五島勉さんが、先月、亡くなっていたらしいということが、新聞などに載っていまして、これは一度、チェックが要るのかなと思いました。

亡くなって、この人は天国に行っているのか、地獄に行っているのか、その他、迷っているだけなのか。何か予言者のような使命のあった方なのか。あるいは、亡くなってからの五島さんの目で見て、「ノストラダムスの予言」や幸福の科学について何か意見があるのか。このあたりについて、少し関心を持つようになりました。

こんな恐ろしい話をいっぱい広めて、よく九十歳まで生きられたなと思って、感心なのですが、経済的には潤っていたのかもしれません。

そして、当会のほうも、関係がまったくないとは言えません。ちょうど、私の世代は、高校時代に五島勉さんの「ノストラダムスの大予言シリーズ」が出始めたころに当たります。『ノストラダムスの大予言――迫りくる1999年7の月、人類滅亡の日』が出たのは、高校に入ったころだと思います。

ほかの新宗教の教祖もそうなのですが、だいたい、そういう世代の人たちはみな影響を受けています。前世紀ですが、「一九〇〇年代で、もしかしたら人類は終わるのではないか」という刷り込みがそうとうあったのです。

宗教はいつも、「危機があって、お立て直しがある」という感じは出ていて、昔からあるパターンですので、別におかしくはないのですけれども、その世代の人たちのほとんどは影響を受けていると思います。当会以外のところも受けたと思いますし、私も多少受けました。

終末思想が出てきた時代背景――公害と原水爆の問題

大川隆法　日本は高度成長はしていたのですが、一九六〇年代、七〇年代は公害問題がとてもひどく、「公害で死んでしまうのではないか」という感じもありました。

工業廃水等が大量に垂れ流され、背骨の曲がった魚などがたくさん捕まったり、子供でも胎児に奇形児が出てきたり、そういうことが多かったので、「これで、もう終わるのではないか」というような「終末思想」が出てきていたのです。

何十年か遅れて、中国では、最近でもまだ汚水の処理が十分ではないので、日本で出たイタイイタイ病に近いものもあって、骨の曲がった魚などがまだたくさん出ているようです。

そういうことがあったのですが、日本ではいちおう克服はできて、浄化装置等によって川などもきれいになりました。昔は、「東京の隅田川はとても汚い」と言われ、東京湾もヘドロの海のようになっているイメージもありました。

それから、戦後は原水爆の問題も出てきました。一つの主役はゴジラです。「水爆でトカゲがゴジラになって暴れる」というもので、これも同じようなものかと思います。「人類の科学の暴走によって、自らを破滅に追いやる」というものですよね。

あとは、宇宙人来襲のようなものも多かったかと思います。

そういうことで、一九〇〇年代の最後のクォーターというか、二十数年ぐらい影響を受けた人たちには関係があるでしょう。当会の〝三十年選手〟ぐらいの方ですね、三十年ぐらいやっておられるような方や大黒天層の方々には、懐かしいものかと思います。

幸福の科学から「ノストラダムスの霊言」を発刊した理由

大川隆法　今の第二世代の方あたりは、子供のころか、小・中学校の初めぐらいまでに、当会の「ノストラダムス戦慄の啓示」という映画があったり、本も出したりしたことがあるので知っているかもしれません。

『ノストラダムス戦慄の啓示』という本や、「エリヤの予言」なども入っている『ノストラダムスの新予言』を出したこともあります。

この「ノストラダムス戦慄の啓示」は、当会として最初

映画「ノストラダムス戦慄の啓示」（製作総指揮・大川隆法、1994年公開）

の映画ですが、一九九四年にかかったのかな?

質問者A　そうです。

大川隆法　かかったのは九四年ですが、本は一九九一年に出しました。

まあ、ちょっと（笑）、今にして思えば、もう少し慎重であってもよかったのかなと思います。

その前の年の九〇年には、幕張メッセのイベントホールや国際展示場で二万人近く集めての講演会を数回もやったのに、まったく世間が静かで無視されているので、「これではまだ刺激が足りないらしい。もう少し大きな刺激をぶち込んでやろうか」ということで、九一年に『ノストラダムス戦慄の啓示』と『アラーの大警告』という二冊の本を出したのです。

当時、生命保険会社から来た年配の幹部でバブル気のある人がいて、「先生、550作戦で行きます」と言うので、「550とは何ですか?」と訊いたら、「五百五十万部売ります」とのことでした。「ええっ? それはすごい数だね」と言ったのですが、「年間で、この二冊で五百五十万部売ります」ということで、ガンガン広告を打ちました。

さらにまた、生長の家から来ていた中堅幹部もいて、その人は、「生長の家には、『祈りたるものはすでに得たりと信ぜよ』という教えがあります。五百五十万部売るというなら、すでにそれは売れたものだと信じなければいけません」というようなことを言っていました。

こちらのほうは、まだ教団運営に十分に慣れていませんでしたので、「そうか。先発教団がそのように言うなら、そうなのかな」と思ったのです。

「先生、五百五十万部売るなら、もう五百五十万部刷ってしまうことが大事です。『刷ったらすでに売れたりと信ぜよ』で、そのまま行き渡るのです」と言うので、「そうか。刷ることが大事なのか」と思い、そして、出版社が普通は持っている「返本」の恐ろしさというか、恐怖を十分に知らなかったために、本当に五百五十万部刷ってしまったのです。そして、広告をガンガンかけました。

知名度を上げたがバッシングも受けた一九九一年

大川隆法　さらに、東京ドームで、七月に五万人の大講演会をやりました。十二月にもやったと思います。

前の年までは、大きな行事をやっても別に反応は何もないし、本もだいぶ売っていたのですが反応がないので、さらにもう一段刺激的なことをやってしまい、飛行船まで飛ばしたりしました。「時代はいま、幸福の科学」と書いた飛行船を東京の空にも飛ばしましたし、東京ドームのなかにも小型船を飛ばしました。

すると、テレビなどのマスコミが大騒（おおさわ）ぎになり、作戦は当たりました。ただ、「大騒ぎになる」ということはどういうことか、まだ私たちはよく知らなかったのです。経験がなかったため、よく分からなかったのですが、「大騒ぎになる」ということは、「バッシングをされる」ということでもあったわけです。

トランプ氏のように経験も積んで年齢（ねんれい）もある方であれば、大統領選に出てバッシングをされても打ち返す力があるでしょう。

しかし、当時、われわれはまだ経験がなく、「知られたくて知られたくて」ということでやったわけですが、〝敵〟が雲霞（うんか）のごとく出てき始めました。ほかの出版社やマスコミ関係もバッシングに出てきましたし、それ以外にも、宗教学者、新宗教学者、その他、私たちの知らないところにまで、反感を持った人がたくさんいたのではないかと思います。

ですから、九一年の場合は、私たちも成功したのだか失敗したのだか、よく分からないままではありました。

「いやあ、先生、〝場外ホームラン〟ですよ」と言う幹部もいたことはいました。「幸福の科学と大川隆法の名前が日本国中に知られ、九割ぐらいの人にはもう知られた。それを一気にやった」ということです。確かに、「ほかの宗教に嫉妬されるということは、「よく目立った」ということではあろうと思います。

ただ、バッシングも同時に受け始めました。弟子たちを出しても口が立たなくて、やり込められたりしてくるので、私も引きずり出されて、出ていったこともあります。秋ごろにテレビに生で出て話をして、それで最後にしたと思います。

そして、「もう少し、教団として戦力をきちんとつくり、真っ当な組織として戦えるような体制を組んだり、資金的なものもきちんと計画を立ててやれるようにしたりしないといけない。世間を騒がすだけではいけない」ということで、ちょっと考え方を変えて、九二年からは「仏教シリーズ」のほうにシフトしたのです。

仏教中心の教えに変えていったら、急にピタッと言わなくなりました。漢字が多くなると難しくなるので、マスコミは何も言わなくなったのです。

仏教シリーズに変えて、九四年からは霊言もいったん止めました。十数年止めていたのです。ただ、それにつけ込んできて、いろいろと攻撃を受けることもありました。

五年間で十回行った「東京ドーム大講演会」の影響力

大川隆法　もう一つは、一九九一年から九五年までの五年間、東京ドームで大講演会を十回行ったのですが、これが他の宗教をだいぶ刺激してしまいました。

一九八〇年代発の新宗教が幾つかあり、オウムのように滅んでしまっているものもあるし、法の華三法行のように教祖が捕まったところもあるし、あとはコスモメイト、後にワールドメイトなどと名前を変えてやっているようなところもありましたが、みな、すごく刺激を受けて売り出しにかかってはいました。

オウムなどは、拉致事件等があって、「サンデー毎日」あたりに攻撃を受けていたのではないかと思うのですが、九一年ごろから当会が出てきたので、「宗教ブームだ」「新宗教ブームだ」ということで、それに便乗して、またもう一回、息を吹き返しました。

さらに、九二年ごろからは、統一教会などもまたグーッと出てきました。「今は新宗教がテレビに出てもいい時代なんだ」というように誤解されて、たくさん出てきたのですが、みなバッシングされ、〝千本ノック〟を受けて沈んでいったものです。

特に、「ノストラダムス戦慄の啓示」というのは、幸福の科学の最初の映画でもあったのですが、ちょっと刺激的ではありました。

オウムのほうはお金がなく、このようなものはつくれないので、もう少しお金がなくても世間を騒がせるものをということで、毒薬、サリン等をつくったのか、「映画はつくれない代わりに、自分たちで世紀末をつくってしまおう」ということで、東京をお騒がせするようなことをやってしまったところもあったと思われます。

それで、私のほうも、「お騒がせしないほうがいいな」と、やや反省し、「法シリーズ」などを中心に少し地味にやって、露出も控えて、教団が固まるのに熟成する時間を取ったというようなこともありました。

ただ、霊言等を出さないでいると、あの世のことを信じない人がまた増えてきたので、十数年ぶりに復活しました。そして、霊言は今、千百回に近づいていますけれども、そのくらい出てきています（八月一日、千百回達成）。

コロナ時代に新聞コラムで取り上げられたノストラダムス

大川隆法　昨日の産経新聞の「産経抄」でも、「『一九九九年七の月、空より来るだろう、恐怖の大王が、アンゴルモアの大王を甦らせる…』。16世紀のフランスの占星術師、ノストラダムスの『予言書』にある有名な四行詩である。」と、五島勉さんの紹介をしていました。それから、同じころ、小松左京さんのSF小説『日本沈没』があって、映画も空前のヒットで、〝ダブル〟で来ていたので、そういうことについても述べています。

さらに、予言は外れたけれども、ノストラダムスはペストの大流行のときに医師だったらしく、最初の妻と子供をこのペストで失ってもいるということで、今、コロナウィルスが広がっているこの段階において、何となくノストラダムスが身近な存在に思えるというようなことを「産経抄」では書いていました。

おそらく、この「産経抄」を書いている人もノストラダムス世代の方なのだろうと推定します。意外に、そんな感じが〝世紀末っぽい〟という気がしているのかなと思います。

予言で日時まで正確に当てることが難しい理由

大川隆法　私のほうから言うと、「予言」というものは、ある程度、当たるものもあるのですが、実際にあの世の世界では、この世で言う「時計で計るような時間」がないのです。そのため、インパクトの強さによって、強いものは近くに起きるように感じ、弱いものは遠くに起きるように感じたりすることがあって、「予言で日時までピタッと当てるのは、やはり難しいことなのだ」ということは、だいぶ分かってきたわけです。

特に、高次元霊になると、マクロの面がすごく大きくなるので、そのへんは意外に当たらなくて、「この世に近いタイプの霊人のほうが、分かりやすいこともあるらしい」ということも知りました。

いずれにせよ、ノストラダムスの予言は、当会の映画をつくるための最初の実験になったことはなったし、今では二十作以上の映画をつくっていますので、映画路線になってきています。

あのころは、角川や学研といったところも、「幸福の科学の映画をつくらないか」などと言ってきた時期でもありましたが、私もいろいろと試行錯誤して勉強はさせていただきました。

こうした予言書ものもけっこう売れはしたのですけれども、反作用も大きかったので、その後、絶版にしていて、今の若い方々は、おそらく読まれてはいないだろうと思います。

それらは全部外れているわけではなくて、ある程度当たっているものもあるのですけれども、当たっていないものもあります。

今、パラパラと読んでみると、例えば八〇年代に出している本では、「一九九二年から九三年に戦争が起きる。中東で起きる。第三次大戦になるかもしれない」というようなことを言っているのですが、湾岸戦争やイラン戦争、イラク戦争もありましたので、「中東で起きる」というのは当たりました。

また、ソ連、ロシアの次に、「中国のほうが、次の大戦の相手になるかもしれない」というようなことも言っています。さらに、「伊豆半島の先のほうの延上に、大陸というか島が浮上する」というようなことを言っているところもありますが、これも西之島が浮上しましたので、ある意味では当たっているところもあるのかなと思います。

ただ、核戦争等は、現実にはまだ起きていません。

それから、九九年の「人類最期の日が来る」ということには、みな、そうとう衝撃は受けていたのですけれども、「核戦争や環境問題や、おそらく未知の何かではないか」というようなことで、ＳＦファンをそうとう刺激したものかとは思います。

確か、九九年の六月末ごろの朝日新聞だったと思うのですけれども、大手紙である朝日新聞で、五島勉さんが社説並みの大きさの記事に文章を寄せていました。自分のノストラダムスの予言が外れたことに対する弁解とお詫びのようなことを書いて、「七の月」が来る前に発表していたように思います。

現実に、九九年には何も特別なことは起きなかったのですけれども、「二〇〇〇年問題」というのはあって、「コンピュータが狂って、さまざまな機械が動かなくなるのではないか」などとも言われたこともあったとは思います。

今は予言から距離を置いている幸福の科学

大川隆法　当会のほうは、すでに一九九五年ぐらいから予言のほうからは撤退していて、真面目に長くもつようにしようとしていたという感じだったとは思います。

これ以外にも、五島勉さんは『ファティマ・第三の秘密』というものも書いています。これは、「SPEC」という映画で出てきたこともあります。

また、『カルマの法則』とか、『ユダヤ深層予言』『聖徳太子「未来記」の秘予言』『エドガー・ケーシーの最終予告』とか、いろいろなものを出しました。

これも、月刊「ムー」などに載るようなものと似たような感じかと思いますが、そういうブームはけっこうあって、潜在意識下で流れているように思います。

まあ、よし悪しは両方あります。宗教としては、いろいろな危機が来ることに対する「使命感」のようなものを持つのは普通だとは思うのですけれども、これに対して、そういうものを信じないタイプの人からの批判もずいぶん大きかったということです。

ノストラダムスの映画も、海外の信者まで撮影に動員した、けっこう大きな映画になりました。また、よせばいいのに、新聞広告に「総製作費十七億円」とガーンッと広告したりするから余計に刺激をしてしまい、大変ではありました。

海外の信者も動員されて、いろいろなところで祈っているシーンで出てきたのですが、実際に海外に信者が増えてき始めたら、海外のいろんなところが「沈没する」だとか、「爆発する」だとか、「地震が起きる」だとか、いっぱい書いてあるので、そこにいる信者は引っ越ししなければいけないか、逃げなければいけないかという話になって、「これはちょっとまずいな。もう隠したほうがいい」ということで、（予言書ものは）絶版にして見せないようにしました。

海外に伝道をすると都合の悪いことが多くなって、やめたのを覚えております。若き日の「挑戦」と「失敗」と、両方があったかなと考えています。

『ノストラダムスの大予言』著者の五島勉氏を招霊する

大川隆法　さて、日本にそういう〝世紀末ブーム〟を起こされて、九十歳まで生きられた五島勉さんは、亡くなって一カ月ちょっとですが、「どういうふうに、今、思っておられるのか」、その考えと、「この仕事はどんな意味があったのか」等を探れればと思います。

けっこう自分でしゃべられるとは思いますけれども、この世代を生きていたのはAさんただ一人しか今いなくて、あとは、みな子供世代だったと思います。

質問者A　そうですね（笑）。

大川隆法　まあ、勝手にしゃべられるとは思うので、口火を切っていただければいいと思います。

質問者Ａ　はい、かしこまりました。

大川隆法　（合掌して）それでは、『ノストラダムスの大予言』を出されて、一九〇〇年代の後半、日本に恐怖の予言を広げられました五島勉さんをお呼びしまして、その感想とか、考えとか、申し送り事項とかがありましたら、お伝えしたいと思います。

ノストラダムスについて、日本に広められました五島勉さんよ。

どうぞ、幸福の科学に降りたまいて、その心の内を明かしたまえ。

お願いします。

（約五秒間の沈黙（ちんもく））

2 なぜ「人類滅亡(めつぼう)の予言」は回避(かいひ)されたのか

幸福の科学に呼ばれ、「感無量(かんむりょう)」と語る五島勉氏の霊(れい)

五島勉　ああ、五島です。

質問者A　五島勉さんでいらっしゃいますか?

五島勉　うーん。

質問者A　今日は、幸福の科学にお越(こ)しくださいまして、まことにありがとうございます。

五島勉　いやあ……、感無量(かんむりょう)ですなあ。

質問者Ａ　感無量ですか。

五島勉　幸福の科学さんもねえ、ノストラダムス、確かにちょっとタッチされて、広げられたこともあって。あと、退(ひ)いていかれたこともあって。

いやあ、私の仕事も、私も一九九九年が近づくにつれて、だんだん自分自身のほうが、もう世紀末みたいな感じになってきて。もう「七の月」が怖(こわ)くて、来る前に、もう「ごめんなさい」を言ってしまったほうですが。長生きしてしまって、たいへんすみません。

質問者A　いえ、いえ。

五島勉　本来はもう、予言が外れたら、そこで割腹自殺をしなきゃいけない。

質問者A　では、ご生前から、幸福の科学、大川隆法総裁先生のことは、よくご存じでいらっしゃったんですか？

五島勉　うん……、まあ、それは有名だわなあ。まあ、有名だし。

「東の国でヘルメスが甦り『太陽の法』を説く」という希望の予言

五島勉　うーん……。でも、いちおうは当たったところもあると思うんだよねえ。

質問者A　そうですね。

五島勉　だから、大川総裁も、また別に解釈はされててね。まあ、ノストラダムスの「一九九九年七の月に人類滅亡」というのが〝一人走り〟してでね、それで「全部死ぬ」ということになってたけど。私の紹介している予言のなかでも、「西暦三〇〇〇年代の人類の予言」まで入っていたので。だから、「まだ、三十世紀以降にも人類が生きていること」が出てはいるんだけど、ここを強調したので。

質問者A　そうですよねえ。

五島勉　でも、数字がはっきり出てるのは、ここだけだったので。「九九年の七の月」が、はっきり出てたんでね。それで、ここの責任が一手に追ってきてるけど。まあ、その恐怖(きょうふ)予言はあったけれども（咳払(せきばら)い）。

ごめんなさいね、もう年取ってるもんで（咳払い）。（水を飲む）ああ。

質問者A　いえ、大丈夫(だいじょうぶ)です。

五島勉　あの……、「別のものが出てこなければ、人類が終わる」みたいな言い方をしてたんですよ。

質問者A　そうですよね。

五島勉　「別のものが出てくるかもしれない」と。そのときには、ノストラダムスも、「私の予言も終わる。当たらない」っていうことを言ってたんですよ。その「別のもの」のなかに、「東の国でヘルメスが甦（よみがえ）るであろう」と。「ヘルメスが甦り、ヘルメスの『太陽の法』が説かれたとき、私の予言は終わる」ということも書いてあって。

で、三〇〇〇年以降の歴史が、あと……、紀元三〇〇〇年以降もあることも出て。途中（とちゅう）が欠落してるんですよね、予言がね。だから、大川さんは、ここのところを見て、「ああ、当たってるじゃないか」と言う。

だから、「『太陽の法』が説かれるであろう」という解説本を出したときに、すでに、それより前に『太陽の法』という本が書かれていたんですよね。一九八七年ぐらいに出されて、それよりあとなんですよ、出したのは。だ

『太陽の法』（幸福の科学出版刊）

から、「太陽の法」というテーマは、その私の本を読んで書いたものではないんで。

質問者A　そうではないということですね。

五島勉　先に書かれていて。私がいっぱい出したノストラダムスのシリーズのなかで紹介したのは、それよりあとから出てくるので。

だから、「太陽の法」が説かれたし。で、ヘルメスのほうも出てくるので。それより先に、ヘルメスが出てきているんですよ。だから、幸福の科学で「ヘルメス――愛は風の如く」みたいに、ヘルメスっていうのがすごく出てきていて。そちらのほうが先なんですよ。

だから、私は紹介をしてなかったので。それが出てきたので、「そちらのほうを紹介していいか」と思って出したので。だから、『太陽の法』というのは、幸福の科学で書かれたもの以外にはないので。

質問者A　ないですね。

五島勉　だから、ノストラダムスは、ある意味では当たったんじゃないかと、私は思ってるんですよ。

「ヘルメス」と「太陽の法」と二つ当てれば、けっこう……。で、「東の国」まで当たったでしょ？

質問者A　非常に重要な予言ですよね？

五島勉　そうでしょ？

質問者A　はい。

五島勉　「別のものとしてこれが出てきた場合は、九九年の七の月のこれは、外れると言っている」ということを言ったんですけどね。まあ、なかなか、そう簡単にはつながらなかったかもしれませんけどね。

まあ、みんな、新宗教をやってるような方々は、自分こそ、なんか、「来世仏（らいせぶつ）の弥勒仏（みろくぶつ）」みたいになりたかった方が多かったとは思うのでねえ。オウム教みたいな、ちょっと悪（あ）しきものも出てしまったこともあったかとは思いますけどね。

「明確すぎる予言」は外れる可能性が高い

五島勉　まあ、でも、その危機の予言も、ある意味ではマスコミ的なものであって。マスコミも、「悪いことが来るぞ来るぞ」と言ってねえ、あまり……。狼少年なんですけどね。そのおかげで、いろんな対策が進むこともあるんで。

だから、公害問題をワアワア言い続けたら、まあ……。まあ、企業のほうはコストがかかるからね。できるだけ、そんな、もう製品をつくったあとの排水なんか、汚水とかの処理なんかに金かけたくないよね。

だけど、「もう、大変なことになる」とみんなが騒ぐと、だんだんやるようになるしねえ。「石油ショック」みたいなのが来たら、また、「これで終わりになるんじゃないか」みたいなことも、そうとう言ってたしね。まあ、「大騒ぎする性質」っていうのは、マスコミそのものなんで。

ノストラダムス自体は十六世紀の王宮に仕えていて、幾つかの身近な事件について予言したりして、当たったりしたこともあるんですが、予言があまり明確すぎると、何て言うか、未来を変えられることがあるんで。予言っていうのは、ちょっと曖昧にしなきゃいけないことがあるんですね。

例えば、「明日、あなたはカレーライスを食べるでしょう」と予言したら、変えようとしたら変えれるもんね。

質問者A　変えられますね。そうですね。

五島勉　それはねえ、「いやあ、カレーは絶対食べないぞ」って決意して、食べなきゃ変えれるでしょ？　だから、それは、予言したら外せるんですよ。

だから、予言としては、そういう明確なものをしてはいけないんですよ。「明日、あなたは、何か刺激的なものを食べたいと思うであろうが、その翌日、大変な苦しみを味わうことになるであろう」みたいなぐらいで止めなければ、外されてしまうんですよ。

質問者Ａ　そうですね。

五島勉　だから、宮廷にあってもですねえ、ちょっと、やや、事件が起きてしまえば、「ああ、このことだったのかなあ」というふうなことは分かる。王様がね、槍の試合をして、目を突かれて片目になるとか、こんなようなことを、あんまりはっきり書きすぎたら、やっぱり迫害されますよね。

質問者Ｂ　はい。

五島勉　だから、「ぼんやりとした言い方でそれを言って、それが当たる」みたいなことを、予言っていうのはやるんですよね。

そのなかで、「九九年の七の月」というのが、あんまりはっきり出てたので、ちょっと、それが大騒動にはなったんですが。

私は、何て言うか、うーん……。まあ、予言や占いも、今も、現代もあるし、多少、当たるものもあるけれども、いろんな諸要素が関係するし、条件がかかるんですよ、必ず何かね。だから、そのへんが難しいことかなと。

まあ、「コンピュータで二〇〇〇年代に起きることを全部予言して、そのとおり当たるか」っていったら、そうはならないものでね。

日本人に大きな影響を与えた「ノストラダムスの予言」

五島勉　ただ、もしかするとですねえ。自分では、あまり責任を感じてはいないんだけど、九〇年代の日本の「バブル崩壊」や「金融危機」とかで、そうとう経済危機が来て、日本没落になって、中国が台頭したりしてきたのは、もしかしたら、その世代の人たちが私の予言をだいぶ読んでたので、「日本は終わりが来る」と思って〝店じまい〟に入ってしまった可能性が、ちょっとはあるのかなあという。

まあ、これは、ここに直接、この企業活動については責任は問われてはないんだけど、ちょっとそんなことを感じるところはあります。

質問者Ａ　なるほど。実は、私も小学生のころに、五島勉さんの本をネタ本にしたテレビの特番をよく観ました。その少し前に、ベストセラーになっていて。毎年、この季節とか……。

五島勉　そうですね。

質問者A　夏とかにですね。

五島勉　夏ですね。

質問者A　必ずやるんですよね。それを繰り返し観ているうちに、けっこう私も影響を受けました。小さいころに思っていたのは、「一九九九年に人類は終わる。自分の人生は二十代で終わるんだな」という人生観みたいなものを持って育ちました。

でも、それについて、実は、私は感謝していまして。おかげで、「人生の意味」とか、「残された十数年のなかで、何かを成し遂(と)げなくてはいけないな」とか考えた時代があって、今に至るところもありまして、非常にありがたい……。

五島勉　いや、あんたは偉(えら)いよ。あんたは偉いんだよ。逆も多くて、「もう九九年で、もうあと○年で死んじゃうんだから」って。

質問者A　(笑)

五島勉　「あと十年で死んじゃう。もう、好きなことをやらなくっちゃあ!」っていう人のほうが、どっちかといえば多くてね。

質問者Ａ　そうですね。ええ、そういう人もいました。

五島勉　「やりたいことを全部やって、死ななくっちゃあ」って思う。「あと貯金を残す必要もないし」っていう。「もう、思い残しがないように、やりたい放題やって」みたいな人も、けっこういた。

質問者Ａ　そうですね。中学生時代も、特番があると、「翌日、学校でそんなことを話し合う」みたいなことはよくやりましたね。

3 「危機の予言」を世に問うた目的とは

「人類に何か警告してみたい」という気持ちはあった

質問者A　お伺いしたいのですけれども、今、お話しいただいた「一九九九年の予言」を、五島さんは、どのような意図で世に出したのでしょうか。

五島勉　（手元の資料を見ながら）うーん……、まあ、それを、今、訊かれるのはなかなかきついですが、（私について）「オカルティズム」とか、「SF」とか、「予言研究」とか、いろいろ書いてあるけど。いちおう、私、「東北大学の法学部卒」っていうことで、まあ、インテリ階級にいちおうは分類されることはされるんですが。

まあ、真面目(まじめ)なものも書いとったんですけどね、大して売れないしね。まあ、「生活のため」と言ってはあれだけど（笑）、「ちょっとは、やはり収入を上げたい」という気持ちもあって。「当たりそうなものはないかな」と探してたこともあったんですけれども。

でも、世の中は、何となくですねえ、うーん、七〇年代ぐらいは、六〇年安保(あんぽ)、七〇年安保があって、あと、オイルショックとかが来て、なんか行き詰(づ)まり感はすごくあったと思うんですよ。

で、そのころの宗教？　だから、幸福の科学よりも、もう一つ前の代の宗教等は、もう環境(かんきょう)問題ばっかり、確か言ってたと思うんですけど、ほとんどね。

だから、なんかこう、うーん……、マスコミ的なものでもあるんだけど、警告みたいなもの？　人類への。なんか、そういうのをしてみたいなあっていう気持ちはあって。

たまたま目にしたものというか、もう旧制高校時代に、すでに、先生で「四行詩」を紹介してくれた人がいてねえ、ノストラダムスのねえ。まあ、「そんな人もいるんだよ」みたいなことを、ちょっと。「当たったことがある、当たる予言者もいたんだよ」みたいなことを言ってくれたのが、ちょっと頭に残っているのもあって。

たまたま、そういうものを見つけて、本を見つけて。それで、ちょっと筆力が加わって、いろいろ書いたものが、ベストセラー狙いの出版社の考えと合致して、まあ、「二百五十万部」とかいうようなベストセラーになったりしてしまったっていうことはありますわねえ。

五島勉氏が「ああ、極楽(ごくらく)、極楽」と思って死んでいける理由とは

五島勉　だから、人は悪いことのほうに反応するんで。新聞もそうですけど、テレビでも、いいことにはあんまり反応しない。悪いニュースだったら、もう毎日でもやるでしょう、悪いことはね。

質問者A　そうですね。

五島勉　いいことは、毎日はやらないですよね。「明日(あした)も何もないでしょう」みたいなニュースはありえないんで。「今日も、こんな悪いことがあった。明日もあるかも分からないぞ」って。

コロナウィルスを、今やってるよね。その最中(さいちゅう)に死んだんですけど。私は何と

なく、少し〝成仏〟できるような気分になりましたよ。

質問者Ａ　そうですか。

五島勉　ああ。ちょっと遅れて来たけど、なんか、「世紀末の雰囲気のなか、死んでいける」って。

質問者Ａ　（笑）

五島勉　（手を擦り合わせながら）「ああ、極楽、極楽」と思って死んでいける。

質問者Ａ　なるほど。確かに、今、世紀末っぽい雰囲気が……。

五島勉　そういう雰囲気ですね。

質問者A　ええ。あるのかなと思うのですけれども。

「警告の予言」を通して知らせたかったこと

質問者A　今のお話ですと、やはり五島さんは、ある種の「警告」を国民に知らせたいという……。

五島勉　まあ、オカルトと言えばオカルト、霊的と言えば霊的、スピリチュアルなものだし、まあ、予言とかも、当たり外れもあるけどねえ。

でも、多少、人間としてね、なんか、サブカルチャー的には知っていなきゃいけないものはあるんじゃないかなあと思うんですよ。
　この世の、目に見える唯物論的世界が、すべてではないんで。

質問者Ａ　はい、そうですね。

五島勉　そういう人たちに目覚めてもらうためには、それは、昔のものから読めば読むほどね、「黙示録のヨハネ」とかもあるし、「モーセの起こした奇跡」もあるし、たくさんありますからね。「奇跡」とか、「天罰」とか、こういうものは、やっぱりあったと思うし、これからもあるだろうと思っていたんでねえ。
　だから、論理的な説明だけしても、この世に生まれて育った人たちは、なかなか信じないところがあるんで。まあ……、水木しげるみたいな人が、妖怪を一生懸命紹介するのも仕事かとは思うけれども、この世的な人間に対しては、やっぱり「その身が安泰ではないかもよ」と言うのも、ねえ？　何らかの……、要するに、自分の「わが身安全が第一」なんでしょう？

こんなのに対しては、それは、大地震が来たり、津波が来たり、火山が噴火したりすると、「もう今日、死ぬか。明日、死ぬか」になるのは当然ですよね。それから、思わず知らず「天意」を考えてしまうようなことがあるからねえ。

まあ、私は宗教家ではないから、そんな、大川さんみたいに本をいっぱい出して書ける力はないけどね、何かこう、そうした神秘的なものの一角をねえ、紹介できればいいかな、と。

でも、あまり反響が大きすぎて、影響が大きすぎて、私はもう本当に、「九九年七の月に十字架に架かるかいな」と。もう本当に、（両腕を横に広げて）こうなるかと思いましたよ。

質問者Ａ　なるほど。そのインパクトが大きかったんですね。

五島勉　「儲（もう）けた分、それだけ苦しませてやる」っていうものが来そうな感じではありましたね。

「ノストラダムスの予言を終わらせたのは幸福の科学」

質問者Ａ　五島さんの気持ちとしては、先ほどご紹介もあったのですが、一九九九年の予言はあるけれども、西暦（せいれき）三〇〇〇年以降の……。

五島勉　あるんですよ。

質問者Ａ　「希望」も、実は一緒（いっしょ）に出していて……。

五島勉　うん。本当は、ほかの「間の予言」があったはずなんだけど、欠落しているんですよ。遺っていないから訳せない部分なんだけど。間があったんだけど、なくなっているんで。

だから、ちょっと、ここにフォーカスしたのは、まあ、出版社の戦略もあることはあるんですけどね、ベストセラー狙いの。

質問者Ａ　ええ、そうですよね。テレビもそうでした。

五島勉　「みんな死ぬぞ」と言われると、ねえ？　それは大変だよねえ。

質問者Ａ　テレビも九十九パーセント、そこにフォーカスしてつくられていて、最後にチョロッと、エンディングで「西暦三〇〇〇年」の話がちょっと出るぐらいの感じでしたね。

五島勉　そう、そう、そう、そう。だけど、意外に、その「九九年の予言」よりねえ、さっきご紹介があったけどさあ、「東の国にて『太陽の法』が説かれてヘルメスが復活するときに、ノストラダムスは自分の予言が終わるというようなことを言っている」という、本当に、本当に、これは遺っている部分なんで。

質問者A　遺っているんですね。

五島勉　これに相当するのは、幸福の科学しかないはずで。

質問者A　そうですね、はい。

五島勉　これを本にして出したのは、確かに、さっきおっしゃったとおりに、大川さんが本を書いたよりあとなんですよ。あとに出てきた部分なんで、ええ。恐怖（きょうふ）の予言のほうで飯（めし）を食っていたので、そちらのほうは出さなかったんですけど、こちらのほうも、「ああ、そうか」とそれが分かってね、ちょっと出してきたんですけどね。

五島勉氏が語る「予言を読み解く」ことの難しさ

五島勉　「予言」っていうのは、いつの時代に当たるかが分からなくてねえ。

質問者Ａ　はい。

五島勉　キリスト教の『聖書』のなかの、普通の福音書以外に、「ヨハネの黙示録」っていう、ちょっと奇妙奇天烈なねえ、なんか、袋を開けたら次々といろんなものが出てきて、未来の映像みたいなのが、今で言やあ、3Dみたいな、4Dか知らんけど、現れてくるのがあるけど。

精神病院の人が言っているのでなければ、神様みたいな人が言っているか、どっちかだけど、それがいつのことだかが分からないんでね。

質問者Ａ　そうですね。

五島勉　あのたとえは、いまだ十分には解けていない。

ただ、有名なのは「666」とかいうねえ、海から獣が出てきて、「666」っていう、これが神の敵だっていうんで。「心ある者は『666』の謎を解いてみよ」というようなことを言っていて。

あれは、まあ、いちばん最初に解いた人たちは、これをネロ皇帝、キリスト教を迫害したネロだというように解いた人もいるけれども、ネロが終わってしまうと、まだ、ほかの人にいっぱい当てはめる者も出てきたのはあるし、ヒットラーみたいなのに当てはめる人も出てきたしね。

まあ、「予言」っていうのは、そういう状況とかが終わらないと分からないし。ヒットラーなんか、むしろ逆に、このノストラダムスの予言を使ってね、これは、当たったかのように、自分のほうがかえって取り入れて、偽装して、空中からビラを撒いてね。フランスの上とかからビラを、「フランスのノストラダムスが予言しているぞ」と。

確かに、「ヒスター」とか出てくるんですよね。

質問者A　はい。

五島勉　ヒットラーではなくヒスターで、ほとんど似ている、類似したヒスターが出てきて、ヨーロッパを支配するみたいなのが出てきているから、これは運命なんだみたいな感じで。やっぱり、幾つか出てくるのがあるんですよね。まあ、終わってみれば分かるようなところもあるんですが。

まあ、予言って、難しいところはありますね。

4　予言の受け止め方について

同時代に救世主を見分けるのは難しい

質問者B　本日は、ありがとうございます。

五島勉　はい。

質問者B　お話を伺（うかが）っておりますと、五島勉さんは『ノストラダムスの大予言』を書かれて、社会不安を煽（あお）ることをしたかったわけではなく、やはり、「人類には、まだ希望がある」「終末思想（しゅうまつしそう）があっても、努力すれば未来は切り拓（ひら）ける」といったメッセージを、未来のために発されたのかなというような気がするのですけれども。

五島勉　うーん。

質問者Ｂ　古くは『旧約聖書』などの古典から、現代においても、占いなども含めた種々雑多な予言がありますが、こういった予言の受け止め方として、何か心構えはありますでしょうか。

また、五島勉さんが予言を通して伝えたかったメッセージや、どういったところを踏まえてほしかったのかなどについて、少し教えていただけないでしょうか。

五島勉　まあ、「過去、現在、未来」があって、難しいんだけどねえ。

だから、占いとか、ああいうものがいまだに存在している理由を言えば、まあ、全部が外れるわけではないんだろうとは思うよね。

だけど、「どこまでが分かりうるものなのかどうか」っていうことが、なかなか分からんところがあるし、世界的なものになってくると、それを構成する要素が多すぎて、なかなかね、分からないし。

でも、ソ連の崩壊とかね、わりに当てているものもあるんですけどね。まあ、起きてからでないと分からないことが多いので。

あと、解釈する人によって、未来が変わってくるものも出てくるんで。

まあ、私は宗教家ではないので、多くの人を導くほどの力はありませんけど、例えば、「こんな考えが予言として出ていますよ」と、それを知らせるだけでも、「人類はそういう道を望むのか、望まないか」ということを考えるきっかけは与えられることはありますね。

だから、同時代では同時代のことを、なかなか分からないんですよ。

例えば、イエスの時代に、イエスっていうのが救世主だっていうことは、同時代人には分からなかったんでしょう?

ユダヤ人として生まれて、本人はユダヤ人のラビっていうか、教師のつもりでいたのに、ユダヤ人に迫害されて十字架に架かっていて、ユダヤの歴史書にも、もう、ほんの数行しか書いていないぐらいの、「ユダヤ人の王を名乗る者が現れた」という程度しかないんで。「死刑囚と一緒に殺された」っていうぐらいしか出ないけど。自分たちで解釈を広げて、福音書をつくって広げていきましたよねえ。そんなことがあるんで。

同時代に分からないんですよ、なかなかね。「今がその世紀末だ」とか、「今が末法だ」とか言うても、分からないんで。

でも、なんか、いやあ、これはもう我田引水にしかすぎないとは思うけど、一九九九年七の月で、ノストラダムス・ブームを起こしたことで、なんか、大川隆法さんとかに使命を目覚めさせたような面は、ちょっとあったのかなっていう気は、私はするんですけどね。

みんなが、ちょっと、そういう恐れていた時代に、救世主が出てこなきゃいけない時代になるのでね。普通は一体ですから。「黙示録の悪い予言」がいっぱいあるけど、それと「キリストの再臨」は実は一体なんですよ。西洋では、そういうふうに捉えられているし。

東洋のほうでも、弥勒、マイトレーヤー如来って、まあ、「未来仏」ですね、「未来仏が生まれてくる」っていう予言自体はありましたからね。

この類は、ほかのものにも、日本であんまり知られていないものにも、たぶんあると思うんですが、そういう、時代が下っていくように見えるときに出てくるっていうイメージは、一般にあるんでね。なんか、そういう背景の一部にでもなれたんなら、まあ、よかったのかなあと思うし。

「九九年で終わる」と思ったかもしれないけれども、もし、救世主が出てきて、「いや、二〇〇〇年以降の時代をつくる」と言ってくれれば、それはまた新しい道が開けるということだから。

迫害（はくがい）を受けながらも「危機の予言」を訴（うった）えた日蓮（にちれん）

五島勉　まあ、大川隆法さんがさすがだと思うのは、九四、五年で方向をチャッと変えて、嵐（あらし）が通り過ぎるのを待ったのが賢（かしこ）かったのかなあとは思うけど。

まっすぐ直進してたら、九九年に〝幸福の科学最後の日〟が来ていた可能性はあるかもしれないけれども、「迫害（はくがい）の原理」をよく知っていたので、そこで姿を沈（しず）めたところはありましたよね。

まあ、難しいものですよ。だって、たいていの宗教者は、「危機が来るぞ」と言って、迫害されているじゃないですか。ねえ?

質問者A　そうですね。

五島勉　まあ、それはそうで。日蓮だって、そうじゃないですか。ねえ? あんな、「蒙古が攻めてくるぞ」みたいな感じで、「日本はもう占領されるぞ」って。まあ、占領までされなかったですけどね。結局、武士も頑張ったし。被害は出ましたけど、嵐が吹いてねえ、かえって、武士の世が固まったこともあれば、風が吹いたのでねえ、伊勢神宮への信仰も高まって。で、日蓮だけが土牢に入れられたり、佐渡島へ行ったり、石をぶつけられたり、いろいろして苦しんだんだろうけどね。

まあ、そういうことはあるね。迫害されることはあるんで、正直すぎるとね。まあ、このへんの加減は難しいよねえ。

偉大な人が生まれる前には、「予言」がなければいけない

質問者B　今、大川総裁とのかかわりについて、五島さんからの視点もお伺いさせていただきました。

五島さんは、九十歳まで、二〇二〇年の最近までご健在でおられましたが、そういったなかで、幸福の科学の活動に対してのご意見などはありますでしょうか。

また、霊人の意見の部分も一部あるのですけれども、「未来の予言的なもの」を幸福の科学からも発信しています。そういったあたりを、どのように思われていらっしゃったのかについて、よろしければ教えていただければ幸いです。

五島勉　いやあ、例えば、イエスだって十字架に架かって死んだけどさあ、その時点で救世主とはちょっと信じられなかった。誰も信じられなかったでしょう、ほとんど。身内というか、弟子も裏切ったぐらいだからね。

でも、バプテスマのヨハネというのがいてね、まあ、先触れのヨハネがいて、「私のあとに来る者は私より偉大で、私はその人の靴の紐を解く値打ちもない」みたいなことを言っているじゃないですか。

それに当たる者がですねえ、やっぱり、いなきゃいけないんじゃないですかねえ、大川隆法さんにもね。

だから、まあ、ほかの人もいたとは思うけど、例えば、高橋信次なんていう人も、自分が一九七六年に死ぬときに、「今から五年後に、法を継ぐ者が出てくる」みたいなことを言って。「関西の青年だ」っていうようなことを言って死んで。

あと、教団が大騒動になって、一生懸命、探して探してして、見つからないから、だから、やっぱり娘さんだろうということでやってたら、八一年に大川隆法さんが霊道を開いて、霊言をし始めているっていうのが、あとから分かってきますよねえ。

質問者Ａ　はい。

五島勉　今は、それからずいぶん時間がたちましたので。もう四十年もたっていますので、「ああ、もしかしたら、大川隆法さんのことを高橋信次は言っていたのかなあ」ということは、今は分かるけど、もう取り返しはつかないことで。完全に勢力が逆転してますから。まあ、そういうところもあったかと思うけど。

私なんかも、もし、万一ですねえ、「ヘルメスが東の国に甦る」とか、「『太陽の法』が説かれる」とかいうようなことが、自分の功績として認められることがあるならば、多少、その何て言うか、そういう予言者的な仕事をしたっていうことはあるんじゃないですかねえ。

まあ、そういう偉大な方が生まれるんだったら、やっぱり、絶対、前に何か予言がなければいけないんで。それに当たるものはそんなにはないと思うので、「ノストラダムス」の（予言）で最初に出てきて、これで日本中に知られたあたりは、実は、そこを知ってほしいっていう面はあったのかなあと思う。

マスコミは「奇跡の人が現れていること」を認めるべき

五島勉　だから、私が言ってる第三次世界大戦、核戦争みたいなのは、まだ起きてはいないけれども、うーん……。でも、まあ、「別の力」も働いてはいるからだとは思うんですよ。

幸福の科学が言っているのも、普通のノーマルな「人間の生き方についての教え」とか、「地獄に堕ちないための教え」も説いておられるけれども、この「世界情勢」について、すごい詳しいじゃないですか。

質問者A　はい。

五島勉　国際関係、世界情勢、あるべき姿、国際の世界で何が正しいかっていうことを、ずっと説いてるじゃないですか。こういうのが、そうとう……、何て言うか、世界の善悪を分からなければ、すぐに戦争になりますけど、それを抑止している力にもなってはいると思うし、信心深くない日本のマスコミにだって、だいぶ浸透はしていますからねえ。

本来、正直なマスコミであればねえ、もう〝奇跡の人〟が現れていることは、もうみんなで認めなきゃいけないと思うんですよ。実績から見ればね。

ただ、日本国憲法の切れっ端に洗脳されて、「政治と宗教は分離しなければいけない。マスコミは政治の一部なんだ」みたいな感じで思っているんでしょう？「自分たちが書けば、誰だって当選させられるし、当選させないこともできるし」みたいな感じに、政治の一部だと思っているんですよ。

だから、宗教と距離を取らなければいけないから。まあ、「広告代金を徴収するのはいいとしても、宣伝はしたくない」というような気持ちはあると思う。

だけど、「正確な目」で、この現在起きてることを見れば、世界のなかで、日本というところに特異状況が起きてきていると。非常に特異点みたいなものが出てきてて、こういうことが起きてるぞと。こういうことは言わなきゃいけない。

でも、これをはっきり言ったのは日本人じゃなくて、九一年の「フィナンシャル・タイムズ」という英字紙が全面で取り上げて。大川隆法が東京ドームで講演したときに出て、そして、「日本に新しい神が現れてきて、日本は新しい神にひざまずきつつある」というような特集を組んで、やりましたよねえ。こちらのほうは正確に報道していたけど、日本のほうは、新聞紙でそういうことを書くことはなくて。まあ、フライデー事件なんかのあとに、ちょっと何か、やいのやいの言うようなことはありましたけどね。

まあ、マスコミの多くは、幸福の科学がバーッと急に有名になってきたから、また金儲けの類で、後に来るホリエモンやあのへんの仲間みたいに見えたのは間違いないと思うので。みんな「バッシングしてやろう」と思って、手ぐすね引いて待ってて。「やってやろう」と、みんな思ってた。

だけど、やり合っているうちに、何だか向こうのほうが賢いかもしらんという感じが、ちょっとしてきたような。私の目ではね。そんな感じはしてきました。

この『ノストラダムス戦慄の啓示』とか『アラーの大警告』とか、こんなのばっかり出してたら、「このくらい叩ける」とみんな思うけど、ちゃんとした本も

●**フライデー事件**　1991年、講談社が「週刊フライデー」誌上等で、捏造に基づく悪質な連続記事で幸福の科学を誹謗中傷した。それに対し、精神的苦痛や風評被害を受けた信者たちが精神的公害訴訟を提起、抗議活動を行った。

出してきたから、いっぱい。だから、「これはちょっと、もしかしたら手強いかも」っていう感じにはなってきたんではないかなあとは思いますねえ。

いやあ、もし、あなたがたに、この慈悲の心あらば、五島勉も「予言者の一人」として、ちょっとどこかに、片隅に、日本史の片隅にどこかに置いといてくれればうれしい。

質問者A　そうですね。そのあたりについては、ちょっとまた後ほど伺いたいとは思うのですけれども。

五島勉　ああ、ああ。

5 「一九九九年七の月の予言」とは何だったのか

「恐怖の大王・アンゴルモア」の謎

質問者A　今のお話の流れで、一言、コメントを頂きたいなと思うことがあります。

これまで何度も出てきていますが、この一九九九年七月の人類滅亡の予言が、客観的には外れたかたちになっているのですけれども、亡くなられた今、振り返られて、この予言は、何だったのかということです。要するに、解釈が間違っていたのか、あるいは予言としてあったのだけれども、何らかの力が働いて回避されたのか。このあたりについてコメントを頂いてよろしいでしょうか。

五島勉　「一九九九年七の月、空より来るだろう、恐怖の大王が、アンゴルモアの大王を甦らせる」という。この、「アンゴルモアの大王」も〝人気〟でねえ。「わしのことだ」と言う人がいっぱい出てきて（笑）、まあ大変なんで。

質問者A　そうですよね。

五島勉　阿含宗の桐山靖雄なんかも、「ああ、これは自分のことや」とか言っとった。ほかにも言ってた人はいると思いますよ。
まあ、うーん……、このねえ、「九九年の七の月」がいったい何だったかっていうことですけど、九一年、九九年……、そうねえ、まあ、これは、はっきりと年数が出てるわりには、ちょっと分からないし、「アンゴルモアの大王」っていうのが、もうひとつ分からない。これをみんな、一生懸命、謎解きをしていたんだけどねえ。

「アンゴルモアの大王」というのが、これがよく分からないんだけれども。だけど、まあ、これは、もうちょっとしたら、はっきりしてくるかもしれないですけれども。

多少、幸福の科学の『太陽の法』なんかに書かれているようなムー大陸とかねえ、あんなようなものも関係があるんではないかなあというのは、思ってはいるんですけどねえ。

質問者A　ああ。

五島勉　うーん。まあ、このへんのところは、ちょっとまだ難しくて、私もちょっと分かりかねるものはあるんですけど。「恐怖の大王」がねえ、これがちょっと、なかなか分かりにくいんですが。

私なんかは「核戦争かなあ」と思ってたし、この危機はあったし。幸福の科学でも、北朝鮮が核開発をしていることあたりは、もう、この九〇年代から警告していたと思うので。九四、五年には、もう言っていたような。

質問者A　はい、映画にもありますね。

五島勉　映画にも、もう入ってたよね。北朝鮮がね、やってる。

これ、北朝鮮だけでなくて、次、中国も、まあ……、今の段階で見れば、「中国対アメリカ」が次の覇権戦争？　昔の私のブームのときは、「アメリカ対ソ連」の核戦争の危機ではありましたけど。

「七」という数字が意味すること

五島勉　九九年の七の月が、具体的に何を示してるかは分からないけれども、日本としては、実は、けっこう底まで沈んでいるころかなあとは思うんですけどね。だから、かつて「世界最強」というか、「ジャパン・アズ・ナンバーワン」と言われた日本が、九〇年代になって急に崩れ始めましたよね。ガタガタガタッと崩れてきて。「日本はアメリカを超えるんじゃないか」とまで言われていたのが、そこに経済的にも弱って、政治的にも弱ってっていうようなことはあったと思うので。

これは、ちょっと、予言は「四行詩」なので、全部、ほかのところと合わせて照合して考えないと、分からないことがあるんですけれども。

だから、「世紀末」というところを捉えて見たとすると……、うーん、まあ、

「七の月」を言いたかったことが、一つはこれで出ているとは思うんですが。（幸福の科学の）御生誕祭が七の月じゃないですかねえ。

質問者A　はい、そうです。

五島勉　七月七日でしょう。七、七、七。だから、ノストラダムスには「七」っていう数字が視えたんじゃないかと思うんですよ。七の数字が視えて。

イスラエル建国後に起きた数々の戦争

五島勉　それと、二十一世紀が来る前の一九〇〇年代の末までに……、まあ、いつもそうですけどね。世紀の変わるころに終末が来るようなことは、例えば、西暦一〇〇〇年ごろにも、やっぱり、あったと思うんですよ。「そろそろ終わりが来るんじゃないか」というのはあったと思うし。

うーん、たぶん、この予想は、戦後、千九百年なかったイスラエルが建国されて……。千九百年なかった国ができたんですよね。これも確か、予言詩のどこかにあったと思うんですけどね。それで、アラブのほうと対立してくることになって、「ハルマゲドン」っていうのがメギドの地で起きるっていうことで。

これは、まさしく、今もまだ進行中ではあるんだけれども。まあ、どこかシリアからパレスチナの、あのあたりですよね。だけど、今、世界で最もきな臭（くさ）い所の一つではありますよね。

質問者A　そうですね。

五島勉　それで、イスラエルが核武装して、アラブの世界は核武装をまったくしてないって、こんなの、イスラム教のほうは滅ぼされるではないかと。

イスラエルに弱点があるとしたら、爆撃機が行って帰ってくる距離とか、そういうものなんで。まあ、空中給油機がつくられることによって、航続距離が伸びたので、イランまででも攻撃して帰ってこれるように、もう、なってきたよね。

だから、核兵器を持ってないイランはそれを焦っているから、つくりたがっているし、アメリカ・ヨーロッパはそれを止めようとして、六カ国協議とかで押しとどめようとしてるけど。

今また、アメリカと中国が仲悪くなっているから、中国がイランに手を伸ばして、貿易と軍事のアライアンス（同盟）を結ぼうということで、助け合いに入ろうとしてるよね。それでアメリカは、イスラエルのほうを推してるよね、今ね。そちらと仲良くなる。これは、代理戦争がここでも起きる可能性はあるし。

まあ、外れたのかもしれないけれども、一九四八年にイスラエルの国ができたら、五十年後ぐらいの間に、中東戦争も四回起きて、それから、アメリカから攻撃した湾岸戦争とイラク戦争という二つの戦争もありましたから。

九〇年代初頭の湾岸戦争、これは、予言は当たっているはずです。予言……、これでなかったかな？　いや……、あなたがたの予言が当たったのか。こっちが当たった。『ノストラダムスの新予言』のほうが当たっている。湾岸戦争が起きたのを当ててる。当ててますね。これは八八年ぐらいに出した本ですけど。これをやって、さらにイラク戦争っていうのが二〇〇三年に起きたよね。

だから、ここは、もうちょっと大きな戦争が起きてもおかしくはないことではあったんで。

まあ、これは、ノストラダムスの気持ちになれば、おそらく、「世紀末に大戦争が起きるけれども、救世主が生まれてくるんでないか」というようなことを持たせたかったんでないかなあって、そういう気持ちを持たせたかったのかなあというふうに、私は思うんですけどねえ。

宇宙人たちは、いつ姿を現してもおかしくない

質問者C　最近、R・A・ゴールさんという宇宙人の方が幸福の科学に接触されてきていて、今後の世界情勢の見通しなどについて、いろいろと通信をさせていただいています。

もし違っていたら申し訳ないのですけれども、最初に「R・A・ゴール」というお名前が出てきたときに、総裁先生が、「『アンゴルモア』に響きが似ている」とおっしゃっていたのを覚えているのですけれども、一九九九年七の月の予言が宇宙人からの介入など、そういう意味合いがあったという可能性はございますでしょうか。

五島勉　いや、「これはもう来ていた」とは思うんですよ。あなたがたが明らかにされたのは、二〇一〇年ぐらいからオープンにされてたとは思うけれども、すでに本当は前世紀末からもう来てはいたと思うし。

あなたがたは、存在自体は認めていましたよね、本のなかでね、すでに。『太陽の法』以下、宇宙から来ているものだということで、今もいるっていう。これは、昔から地球文明をつくってきたっていう、星の文明があるっていうことを言っていたから、来てはいたと思うけど。

ああ、そっか。なるほど、そういうふうに取るか。うーん。R・A・ゴールっていうの……。

ちょっとそこまでは、年を取っていたから、私はよくまだつかんでなかったんだけど、宇宙からもね。

いや、宇宙からも、これは確かに何かが、例えば、本当に（映画の）「インデペンデンス・デイ」みたいに大船団みたいなのがもし降りてきたら、それは地球はパニックになるね。

これは、いつ起きてもおかしくないです。今でも起きうることなので。向こうの判断だから、出てきてもいいと思えば出てくるだろうね。

いや、このへんは、ちょっと私の能力はもう超えているので分からない。宇宙までちょっとまだ、今、勉強が進んでいないので、教えてもらいたいぐらいだけど。

十六世紀のノストラダムスに、宇宙からの攻撃についてどこまで語れるかはちょっと分からないが、まあ、例えば、H・G・ウェルズの『宇宙戦争』みたいなのね？　あんなのも書いていますけど、ああいうのも予言者でしょうから、H・G・ウェルズなんかも私は関係あると思っているんですけど、近現代の予言には。宇宙戦争や未来のこと、タイムマシンとか、いっぱい書いていますよね。

だから、宇宙人が来て地球に来るのは、いずれ起きる事態かなあとは、私も思っているので。

先進国では「宇宙との交流」はすでに始まっている

五島勉　今年はアメリカが、宇宙からUFOが来ていることを大統領が公表したんですよね。

アメリカの大統領が代わるたびに、「今度は発表される」とか、いつも言っていたんですが。クリントンのときにも言われたし、ヒラリーさんがなっても発表するんじゃないかとも言われていたのに、あの人、トランプさんがね、「現在、昨日(きのう)、出た」っていうような話じゃなくて、二〇一〇年代などに出た三つのUFO映像みたいなのを、米国防総省の資料から発表したっていう意味深な活動がありましたよね。

だから、アメリカの大統領が宇宙人との交信っていうか、何かのあれは、ロズウェル事件以降、すでにあったのではないかと言われていて。明らかにされていないけど。秘密文書もそんなに公開されていないので。消されているから。

これは、誰かが発表することにはなるとは思う、たぶん。少し出てきたから、もうすぐ、〝今、黒で塗り潰している部分〟が出てくるのではないかなあと思う。

これもパニックになるから。世界中がパニックになるので。コロナ・パンデミックだけでない。「宇宙人が現にいて、ロズウェルのころからアメリカの大統領とかと会っていた」とかいうことになったら、パニックだよね。

アメリカ以外の大国とも実は交流が少しあって、宇宙人の種類が違って、技術供与とかをしているっていう説もあるので。やたら宇宙に行きたがったり、宇宙軍みたいなの？　日本でさえつくろうとし始めているぐらいですから。

日本の自衛隊の延長上の「宇宙軍」は、宇宙のゴミみたいなのがいっぱい飛んでいるから、これを片付けようとかいう、そういう平和的なものだけど、アメリカとかロシアとか中国とかでは違うでしょうね。本当に宇宙人の技術を手に入れるか、それと協調することで、日米安保みたいな〝宇宙との安保〟で、戦争になったときに協力させようとしている。

そういう映像も、また民間のほうでいっぱい出ているでしょう。巨大隕石みたいなのが落ちてきているときに、それを切り裂くように空中で潰してしまって、被害を出さなかったような映像も出たりしているから。

実際は、本当は情報はそうとうあるけど、明確には言えないでいるんじゃないかと。本当は、先進国は、宇宙との交流は何か始まっているはずだと思う。

だから、たぶん日本では、幸福の科学が宇宙文明の紹介をすることによって、それが水面下で常識になっていって、次の段階のステップに行くチャンスが来るんじゃないかなあと、私は思っていますが、人類があっという間に征服されてしまうような感じなら、怖(こわ)くてそれは言えないし、米軍も戦えないんじゃ言えないと。

でも、宇宙ものの映画はできすぎていますから。そうとうNASA(ナサ)やペンタゴン(米国防総省)から情報流出……、わざと流しているものもあるんじゃないかと。

だから、「インデペンデンス・デイ」や「メン・イン・ブラック」みたいなものも、実は情報は似ているんですよ。あまりにもよく似すぎているので、そうとう持っているんじゃないかと思うんですよね。

このへんが明らかになったときに、あなたがたが、あっと驚(おどろ)く後進国になってしまうので、そうしないように、大川隆法さんが宇宙情報を、今、蓋(ふた)を開(あ)けてきたら、日本もあっという間に宇宙情報では先進国になってきつつあるんだろうと思う。

ただ、これについては、ちょっと私の能力や、かつてのノストラダムスの能力をやや超えているので。

原爆投下後にUFOの目撃情報が増えている理由

五島勉　おそらく世紀末ぐらいに、宇宙からもし大きな力を持ったものが現れるとすれば、それは「恐怖の大王」にも見えるだろうということだし。

核戦争の可能性もないとは言えないけれども、宇宙人が出てきたのは、あれからあとなんですよね。原爆が落ちてからあとなんでね。広島・長崎に一九四五年に原爆が落ちてから、そのあとからUFOの目撃情報がやたら増えてきているので。「もし野蛮人で、自分たちを滅ぼし合うような関係まで行くのなら介入する」っていう姿勢を示したのでないかなと思うんですよ。

そういうことで、核戦争の抑止もしてきたのではないかと思うんですね。だから、核兵器自体は、科学技術の進んだ宇宙人には、今のところは通用しない。それを避けられるし、止められるし、機能不全にできるんですよね。電子機器系統を全部狂わせる力を彼らは持っているので、狙っても当たらないし、もし姿を現したときに撃っても、テレポーテーションですぐに瞬間移動するから、まずは当たらない。ということで、今のところ勝てない。

ただ、彼らが「地球の観察者」ではあるので、まあ、このへんで宇宙の……。

ここは、私の勉強ではちょっともう足りないので。うーん、まあ、大川隆法さんが言っている宇宙情報等をもうちょっと増やしていくことで、まあ、裾野が広がって、いろんな研究家たちのバイブルにたぶんなっているとは思うので、そちらのほうに期待するしかなくて。

ただ、宇宙から何かが来ているっていうことは……。

だから、核戦争の危機もあるけど、宇宙で、ウェルズのような『宇宙戦争』のような感じで来た場合はたまらないでしょうね。

まあ、中国なんかも、まだ火星探査機とかをコロナ危機のなかで打ち上げたりしていますけど。太陽系内に植民地、月や火星らに植民地競争？ アメリカやロシアと一緒に、もう始まっているんですよ。

だけど、そのうち〝返り討ち〟に遭う場合もあるだろうとは思いますがね。

アメリカはアポロで月の裏側に行って、「見てはいけないもの」をそうとう見てしまったというか、撮影しているので。母船とか、母船から出てくるＵＦＯとかをいっぱい見てしまったので。あとのアポロ計画が止まってしまったところがあるので、怖いということで。「警告された」と見て、月の裏側に行けるはずだけど行かなくなったんですよね。

だから、「火星にもいるんじゃないか」っていうことで、今、調査もしているんですけど、掘り起こした場合、あとがどうなるかはちょっと分からないので。

人類より進んでいることは間違いないので。

まあ、これはちょっと、今、私の能力を少し超えているかな。ごめんなさい。

質問者C　ありがとうございます。

6 「死後一カ月の体験」と「生前の使命」を語る

「生前の仕事」についての反省をしているところ

質問者D　本日は貴重なお話を頂きまして、本当にありがとうございます。

少し前に、「五島さんは救世主の降誕(こうたん)を予言する役割を担(にな)われた」というようなお話もございましたけれども、お亡(な)くなりになられて、本日で三十八日たっています。もしよろしければ、貴重な機会ですので、お亡くなりになられてから、どのような世界をご覧になったり、どういったあの世の方々と交流があったりしたのか、ということをお伺(うかが)いできればと思います。

五島勉　まだちょっと日が浅いので、自分も成仏しているんだかどうか、まだよく分からないので（笑）。それで、「生前の仕事はどうであったか」という反省を中心にやってはいるんですけどね。まあ、プラスかマイナスだったか、ちょっと分からない部分が……。

私の希望のほうは、幸福の科学のほうの、もしお助けになっていたらありがたかったかなあと思うのと、いろいろオカルト文献をいっぱい紹介したので、そういう、「霊的な部分の下地になったもの」がプラスだったらいいなと。

ただ、マイナスのものも出てはきているから、ちょっとそのへんは分からないんですけど。うーん……。

まあ、キリスト教ができる前だって旧約の預言者はいっぱい出てるんだけど、でも、それでも預言があっても、その人が出ても認めない。まだユダヤの人たちはイエスを救世主とは認めないで、「預言者の一人ぐらいかなあ」とは思い始めてはいるけど、まだ認めていない。

ユダヤの定義では、救世主っていうのは、要するに、「宗教的な救い主でもあるけど、政治的にも救い主でなければいけない」ので。要するに、ユダヤをローマから救う政治運動までやらなければ、救世主じゃないんですよね。だから、定義に当たっていないので。

過去の救世主的な人たちは、みんな政治運動をやって……。だから、まあ、『旧約聖書』でいっぱい出てきますけど、みんな、そういう政治ともかかわっているので。独立運動？　ユダヤ人を護ってくれる人が救世主っていう感じだから。

これはちょっと、今回のイスラエルの独立では、「ユダヤ民族で中心的な人物がいなかった」ということで、ちょっと残念だったんでね。本当は、ヒットラーと戦って、ユダヤの民をモーセみたいに率いながら、どこかに国を建てて護るような人が出てくれれば、それは救世主だよね。だけど、そういう人が出なかったので、イスラエルの人はいまだに分からない状況ですね。

幸福の科学の政治活動は、救世主の伝統から見れば正統

五島勉　だけど、日本になったら、「救世主」の定義である「宗教的救済と政治的なその独立を護る」っていう両方が救世主の要素なんだっていうことを本当は知らなければいけないのに、日本のマスコミがバカなので知らないんですよ。

だから、あなたがたが、例えば、幸福実現党とかを立ててやって、「国防を大事にしろ」とか「国の独立は護ったほうがいい」と言っているのは、これは救世主の伝統から見れば正統なんですよ。正統な考えなんだけど、これが何か憲法破りの右翼、極右活動で、安倍さんよりもっと右のウルトラ右翼のあれで、「もしかしたら、ヒットラーみたいなものじゃないか」とか、最初のころは言われていたよね。

九一年のころは、「これはヒットラーじゃないか」って言っていたと思いますよ、批判する人たちはね。それで、イエス・キリストが霊指導をして、「ヒットラーがいつ愛を説いたか！」とか言って、「希望の革命」みたいなので激しい講演をやられて。これはテレビで流れましたよね。

質問者A　はい。流れました。

五島勉　流れたと思うけど、「あれを観(み)てヒットラーと一緒(いっしょ)だと思うか、思わないか」っていうようなのをやって、折伏(しゃくぶく)をそうとうやりましたよね。だから、預言者の正統な系譜(けいふ)から見れば、大川隆法さんはずばり救世主に当たっているものなんですよ。

もし、政治について何も言わなくなったら救世主から外れて、一教祖、いろん

●「希望の革命」　1991年9月15日、神奈川県・横浜アリーナにて、「希望の革命」と題して講演が行われた。『ダイナマイト思考』（幸福の科学出版刊）参照。

な宗教にある教祖にしかすぎないんですけどね。

イエスは敗れたんです、この世的にはね。完成しなかった。

でも、マホメットの場合は、むしろ、政治・軍事のほうが強かった。宗教的には、少し〝いかがわしい部分〟が若干あって。あれは、みんなで寄せ集めて書いた部分がだいぶあるので。『聖書』のいろんなものを取ってつくった部分もあるけれども、ややそちらのほうが強かった面もあったかなあとは思うんですけど。

何を訊かれたんだったかなあ、忘れちゃったな。

質問者D　ご帰天されてからの霊界生活は……。

五島勉　あっ！　いやあ、だから、もういろいろいろな反省を今やって。いろいろ文句を言う人もいっぱいいるし、「おまえのおかげで、人生損した」っていう人と、よかったという人と両方いるので。まあ、いろいろクレームは来るから、両方聞いているし、まあ、うん。

あの世でノストラダムスには会えたのか？

質問者D　ノストラダムス様とお会いされたりということは？

五島勉　あっ、それはあります。

質問者D　あるんですね。

五島勉　それはあります。私が出なきゃ、名前はそんなに広がらなかっただろうから。

質問者D　どのようなお声がけがあったのでしょうか。

五島勉　わりに早く来たよ。うん、うん。わりに早く来たって、まだ一カ月ちょっとだからあれだけど、わりに早く来て、「ご苦労さん！」っていう……。

質問者A　「ご苦労さん」と？（笑）

五島勉　「ご苦労さんでした！」っていう……。

質問者A　そうですか。

五島勉　「〝原作〟が悪いために被害を受けたかもしれない。もうちょっと〝原作〟がよければ、そこまで、あとで言われなくて済んだかもしれないけれども。まあ、でも、忘れるのも早いからねえ」っていうようなことを、まあ、ええ。

質問者A　では、「ノストラダムスの予言を人々に知らせる」ということが、五島さんの今世の人生計画というか、「使命」だったんですね？

五島勉　まあ、そうでしょうねえ。これはもう「核」でしょうね。この部分をいちおう教える必要があって。

ノストラダムスだって、まあ〝つなぎ〟だと思うんですよ。二千年前のイエスとか二千五百年前の仏陀で終わっていてはいけないし。あとは、ムハンマドだって、まあ、千三百年も前ですからねえ。だから、中世に何かつなぎは要るよねえ。

ルターとかであれば、キリスト教の改宗運動にしかすぎないし。日本の鎌倉期の僧侶もいっぱい出てるけど、うーん……、まあ、派祖だよね？　やっぱり。開祖じゃなくてね。大きな宗教の開祖じゃなくて、仏教の流れのなかの派祖にしかすぎないよね。

いや、弘法大師空海なんかでも、まあ、頑張ったとは思うけど、でも、「大救世主」と言えるかというと、まあ、そこまでは行かないようには思うんだよね。ある程度まではあるけど。日本の常識を超えたぐらいの〝スーパーマン〟ではあったけど、そこまでは行っていないような気はするので。

質問者D　ノストラダムス様をご紹介する使命があったということですけれども。

五島勉　うん、そうそうそう。

質問者D　実際に、その『ノストラダムスの大予言』を書かれているときも、インスピレーションを受け取っていらっしゃったのでしょうか。

五島勉　私はまだ一カ月ぐらいなので、ちょっと、十分にはよくは分からないんだけれども、なんか、「魂的(たましいてき)には関係がある」というふうには言っているんだけどね。

質問者A　おお……。

五島勉　これを言ったらまたバッシングされるから、あまり言ってはいけないと。「まだ正当化するか！」って怒(おこ)られることはあるので。

質問者D　ご関係があるというのは、「魂のごきょうだい」ということでしょうか。

五島勉　まあ、いつの時代もそういうふうな預言者っているじゃないですか。神託を受けたり、いろいろする。まあ、そんな感じでやっていたんじゃないかと。

今回は、自分自らが予言したわけではないけれども、その「予言書を流布する」という意味では、かなり大きな力はあったし。日本だけではなくて、まあ、外国にまで行ったし。

「救世主の出現」は「新しい文明の始まり」を意味する

五島勉　あと、うーん……。この「ノストラダムスの（予言）が外れた」って言われても、次はマヤの予言とかね、「二〇一二年にマヤの暦が終わる」とかいうので、また。そういう「世紀末」は、みんな本当は好きなんだよ。

質問者A　ああ……。

五島勉　それは何かというと、裏を返せば、「救世主が現れてくるはずだ」っていう考えなんだよ。だから、「マヤの暦が終わる」っていうのは、「世界が終わる」と思うけど、そうじゃなくて、「救世主が生まれてきて、また新しい暦が始まる」と。

だから、西暦で言えば、イエスが生まれたと思われた年が紀元〇になって、二〇〇〇年っていう西暦はあったから。これは「救世主が生まれたっていうことが、新しい文明の始まり」という考えだよね？

質問者A　そうですね。

五島勉　まあ、そういうことなので。「暦が終わる」っていうことはこういうことだし。

IT の発達が「人類絶滅計画」につながっている?

五島勉　まあ、二千年紀からは、これから先は、まあ、デジタル時代になってしまったから、ちょっと分からないけど。

ああいう、何だろう? インターネット系でいろいろとニュービジネスをつくって、世界的な規模になったところもいっぱい出たから。ああいうなかから救世主が出てくるのかもしれないっていう予想も、まあ、ちょっとあったことはあったんだけどねえ。

ただ、今のところはまだ、いろんな会社で競争をしている段階だし、ずっと永続するものとも思えないので。今はそういうものが流行っているけど、ちょっと違ったものにまた変わっていく可能性もあるので。

まあ、あちらに出るかなと思っていたけど、そうでもないような気はするので、うーん……。

私にはちょっとよく分からないんだけどね、まあ、経済の面はそんなによくは分からないんだけど。このＩＴ系が流行ることとは、基本的に人減らしで、人が要らなくなる流れなので、失業を生む。失業を生むっていう圧力がかかるということは、デフレだよね。

質問者Ａ　はい。

五島勉　だから、デフレが起きて、経済の発展が起きにくくなってくるんじゃあないかと。「人間が要らなくなる流れ」なんじゃないかと。

だから、人間が要らなくなる流れを、このIT系がつくっているとしたら、この「人類絶滅計画」みたいなのの一部が、いろんなかたちで起きてもおかしくはないなあとは思っていたんですよ。

そうしたら、まあ、コロナとかも流行っているし、あるいは、東日本大震災みたいなのも起きたし、リーマン・ショックみたいなのも起きたし、九〇年代の後半も、バブル崩壊とか、いろんな株の崩壊も起きたし、会社もいっぱい潰れたしね。

うーん……、まあ、一つの時代が、もしかしたら終わりを迎えようとして、次の時代に移行しようとしているのかなあとも思うんだけど。

もしかしたら、人間が要らなくなるのにいっぱい増えているから、この人間をガサーッとなくすような「天罰（てんばつ）」が起きるんじゃないかなという気もしていて。

質問者A　なるほど。

五島勉　例えば、中国なんかだって、大洪水（だいこうずい）が、今、起きているし、バッタやイナゴがいっぱい出てきているし、ウィルスもあそこから出てきているし。アメリカだって予想もしない何百万人もの感染（かんせん）が出てきているけど、いやあ、これはちょっとおかしいので。

まあ、今は中国の情報戦略もあると思うけど、中国発じゃなくて、日本で起きたり、アメリカで起きたり、ヨーロッパで起きたり、別々にウィルスが起きたとか言うけど、でも、同時多発しなきゃいけない理由もあまりないから、同じ時期に別の所で起きなきゃいけない理由もあまりないので。「オウムみたいなのの、大きいのが広げたんじゃないか」っていう感じはするよね。

その特殊部隊を持っているところはどこかっていえば、まあ、北朝鮮ができなければ、中国ぐらいですよねえ。

質問者A　そうですよね。

五島勉　ぐらいしかありえないので、やっているんじゃないかなあと。だから、中国発だけど本当に中国以外のところでも、オウムがやったテロのようなことを、現実には、やっているんじゃないかなあと。

もし、これがはっきりと証拠をつかまれたら、いやあ、「世界戦争」になる可能性はあるんじゃないかなあと思うので。

まあ、これからの〝お楽しみ〟なので、ちょっと分からないですけどね。

五島勉氏の魂は「予言に関係がある者」

五島勉　私も、自分にはそんなに才能はないと思ってはいたけれども、まあ、ホラーだって人を脅して金を儲けているじゃないですか。まあ、予言だって、そういうところはあるので、経済的に支えながら活動させてくださったことをありがたいと思いますが。

いや、日蓮聖人が「蒙古が攻めてきて日本は滅びるぞ」と言っているので、そんなに変わらんっていうか、まあ、変わらんじゃないですか。

質問者A　そうですね。

五島勉　まあ、似たようなもんじゃないですか。ねえ？
そういうことはあるんですよ。
だから、昔は宗教家でも、今は違うスタイルで、作家とか、こんなオカルト研究家とか、そんな人のなかにいてもおかしくないんじゃないですか。

質問者Ａ　なるほど。

五島勉　まあ、そういうふうに、やっぱり、ちょっと「予言に関係がある者」だと思っていいんじゃないかな。

7　危機の時代に必要な心掛けとは

「これから先の黙示録、予言は、あなたがたが書くべき」

質問者B　まさに、五島勉さんから、「ノストラダムスの大予言」に代わる人類絶滅の可能性のようなところの新たな予言を、お教えいただいたという気もします。

今、「人間が要らなくなる流れ」というご示唆もあったと思うのですけれども、五島さんとしては、そういった危機の時代にわれわれが心掛けることなど、そのあたりはどういったことを考えられているか、改めてお教えいただいてもよろしいでしょうか。

五島勉　うーん……。まあ、一つは、本当は私が神様だったらね、神様だったら、人類の幾つかの部分を滅ぼさなきゃいけないと思うものは、やっぱりあるよ。

一つは「核兵器」ね。ものすごくありすぎるけど、これは、やっぱり、それを使用する人に理性的な頭が残っていればいいけど、今の情勢なんか見たら、けっこう危ないなあと。中東も危ないけど、大国同士でも核戦争が起きる可能性はけっこうあるので。

私が、もし神様だったらと、まあ、「ＩＦ」で考えるんだけどね、そんなんだったら、「大地震」を起こしたり、「津波」を起こしたり、「大陸の陥没」を起こしたり、いろんなことをして警告したりはするかもしれないなあっていう気持ちは、私にはあるし。あるいは、地球人が、もう自分たちではどうにもできないというなら、宇宙人から、そういうものの破壊とかが起きる可能性もあって。もしかしたら、「いつでも無力化できるんだぞ」というようなことを思っているかもしれないし。

まあ、なるべく地球人の手でやりたいけど、できない場合は、何かほかの、天変地異ないし、宇宙からの干渉が起きるんではないかなあとは思っています。

「これから先の黙示録、予言」は、まあ、あなたがたが書くべきかなあとは思っているんですけどね。

あの世で五島勉氏と関係が深い霊人とは？

五島勉　いや、もし、私があの世で偉いところまで還れるようなら、それはまた、何か……。いや、もしかしたら、ノストラダムスの……。あなたがたが「魂のきょうだいがいる」みたいな言い方を言っている、その仲間に入っているんじゃないかなと、自分では思ったりはしているけど。まあ、三十八日目だと言われているから、まだ分からないよね。

質問者A　そのほかに、ご関係の深い方とお会いになったりはしているんですか。

五島勉　あっ、予言関係の人はだいぶ訪ねてはきたが……。

質問者A　どのような方ですか。

五島勉　黙示録のヨハネも来たし、うーん……、あと、あなたがたから見りゃ、あまり知らないような西洋系の予言者、霊媒（れいばい）等の方も来たし、まあ、日本の古代からあるいろんな、そういう神降ろし関係の人なんかも会いに来たは来たので。

みんな、今はちょっと、「五島勉よ、おまえは、汝（なんじ）自身を知るべき時期だ」っていうようなことを言っていくので。

質問者Ａ　あ、そうなんですか。

五島勉　ちょっと自分で自分を知ろうと思って、生涯反省をしているところなんですけどね。

質問者Ａ　反省は、どのようなかたちでされているんですか。

五島勉　いや、だから、仕事がよかったのか、悪かったのか。今、「クレームが来ている」って言ったじゃない。

質問者A　はい。

五島勉　あんたみたいな人が増えてくれれば、私はよかったんだと思うけど、「おまえのおかげで、人生、ひどい目に遭ったぞ。もう最後だと思って、今結婚しないと、あと一カ月で地上は滅びると思って結婚したら、とてもではない悪妻で、ずっと居続けられて困っている。二十年間、苦しんでいる」なんていう人もいるからね。

質問者A　（笑）

五島勉　今、ウィルスの時期なので、パンデミック（を描いた）、カミュの『ペスト』とかが流行っているそうで、みんな読んでるっていうけど、「何かが来るんじゃないか。これから怖いことが起きるんじゃないか」っていう気持ちが、今、全世界を包んでいるからね。これは〝曇り〟になりますよ。

死者も増えてきているけど、感染者も増えている。あの大アメリカがあれだけ何百万人と感染しているっていうのは、これ、打つ手がないのかどうか。今のところ、まだ治療薬はできていないわね。

アメリカは、「中国に陰謀でやられた」と疑っているから、完全に。今、交渉でいろいろやっていると思うけど、いずれリベンジが何か入ると思うので、備えをしなきゃいけないわね。私は死んじゃったから、できることはないけど。

「死んでからのほうが、地球の危機をもっと感じる」

質問者A　お伺いしたいのですが、霊になられてから、国や世界を見たとき、生きているときと見え方は変わったりしますか。

五島勉　うーん、まあ、生きているときには、ずいぶん怖いことを言ったので、〝人間お化け屋敷〟といわれるぐらいの怖い言い方だったけど、死んでからのほうが「地球の危機」みたいなものをもっと感じる。

質問者A　感じる。

五島勉　うん。もっと感じる。「いや、けっこう危ないんじゃないか」っていう感じは、いっぱいしてくる。

質問者A　どのように感じるんですか。

五島勉　いわゆるスーパーマンみたいな、いろいろ救う……、アメリカのアベンジャーズとかがあるけど、「救うための人が出てこないと、これは駄目なんじゃないか」っていう……。

それから、香港の問題とかがあると思うけど。あんな、中国みたいな核武装をした、巨大な軍隊を持った国が襲ってきたら、〝地上の地獄〟が起きるし、あれは、アジア圏からヨーロッパまで、アフリカまでを目指しているよね。「これで、いったい何がこれから起きるのか」っていうのを……。

〝現代のジンギス・カン〟なんか、出てきてほしくないですよ。すごいことが起きる可能性があるので、「日本は、このままボーッとしていていいのか」と。

そういう意味では、私の『ノストラダムスの大予言』風の〝ショック療法〟が少し要るんじゃないかなあと思ってはいます。

質問者A　ちなみに、亡くなられてから、宗教家と会ったり、神様をお見かけしたりした経験はございますか。

五島勉　まあ、いろんな方が来るけど。日本人と外国人と両方いっぱい来るけど。うーん……、そうだね、「予言の霊」に関係する者が多いは多いかなあ。だから、「正統派の説教型の宗教家」というよりは、「予言・予知系統」とか、「現代の超能力者」もいるから、そちらの関係の人とかも来てはいるわなあ。

私はどこに行くかは知らんけど、今のところ、何となく、「しばらくしたら、そうした予言者たちのグループのほうに組み入れられていくのかなあ」っていうような感じです。

質問者A　はい。分かりました。

「コロナウィルスの今後」をどう見ているか

質問者B　幸福の科学の活動に関する質問になってしまうかもしれませんが、最後にお伺いさせていただきます。

幸福の科学においては、大川総裁から、一般的な予言を超えて、人類への未来の指針として、いろいろなメッセージを私たちは学ばせていただき、活動しております。それらの予言や霊言のなかの一部には、人類に対して厳しいものもあります。

コロナに関してでしたら、「何億人もの感染者や死者が出る」という危険性を警告してくださった霊人の方もいらっしゃいます。

そのなかで、何がそのような予言の原因になっているかを学び、最悪の事態を防ぐためにも、私たちにできることを考え、活動しています。

このような活動を進める過程で、コロナや災害などの人類の不幸を布教(ふきょう)に利用しているだけなのではないかと揶揄(やゆ)される可能性もありますが、そういった「神から降ろされた予言」を、われわれ弟子(でし)が、全世界の人々に伝えていくときの心構えは、どうあるべきでしょうか。

五島勉　いや、コロナウィルスに対して、●あなたがたの最初の本が出たときには、まだ数万人ぐらい、二万や三万ぐらいの感染のときに、もうすでに本は出ていて、そのあと、ちょっと広がったところで、「何千万とか億とかいうような被害者(ひがいしゃ)が出るかも」っていう大きな数字が出たけど、批判できないのは、どんどん広がっているからでしょうねえ。

質問者A　そうですね。

●あなたがたの最初の本……『中国発・新型コロナウィルス感染 霊査』(幸福の科学出版刊)参照。

五島勉　今、一千五百万以上、世界に広がって、何十万人か死んでいるんでしょう？　一千五百万まで来て、一日に十何万かぐらい感染者が増えている状況だったら、これはもう、バンバン、あと、蓮池の蓮ぐらい増えていくので。

今、一千五百万人行ったこの感じで行けば、「億」に行くのはいずれ行く。ワクチンができるかどうか、まだちょっと正確には予想できないので。だから、「予言が外れた」とは、なかなか言えない状況ではあるわね。

でも、「億」はやっぱり、感染者は行って、死ぬ数がまだ数十万人で止まっているけど、ワクチンができないとなったら、これは大変なことにはなるわねえ。

質問者A　確かに。

五島勉　これ、まだ戦っているところですけど、最終的に、この前の連休みたいに、「経済活動を止めよ。みんな潜(ひそ)んでいて家で籠(こ)もっていろ」という状態だったら、まるで宇宙人に地球を支配された状況と変わらないよね。

「天から来る恐怖(きょうふ)の大王は、コロナウィルスだった」ということだって、ないとは言えない。空からやって来る、空気のなかからやって来るので、「立て籠もっていなければいけない、人と会ってはいけない」っていうような感じになるから、いろいろつくられている恐怖ものの、最終スタイルに似てくるね。

だから、今のところ分からないけど、でも、感染者が「億」の台に行くのは確実だと私は思っています。

死ぬ数が今は少ないんだけど、これが変種してくる可能性がないとは言えないのと、これがもし、中国のあのウィルス研究所から出たもので、「意図的に考えていた、アメリカへの報復のために急いでつくっていたのではないか」という疑いがあるので、ここでアメリカのほうが「許せない」という感じに出た場合には、戦争を含むものになるので死者が増えるわね。

大洪水、イナゴの害に加え、新たな伝染病の可能性も

五島勉　それに、今、天変地異的な大洪水とか、いろいろなものが増えているので。中国は今もう大洪水で、（被災者は）四千五百万人も行っていると今日聞いたけど、八十年ぶりぐらいの洪水だと言っている。

質問者A　そうですねえ。

五島勉　それにイナゴの害が……。水がない所にはイナゴが出て、あとはウィルスの感染者がいてでしょう。これはけっこう怖いですよ。

だけど、ほかの国でもそうでしょう。日本は「オリンピックを来年やりたい」と言っているけど、「世界全部が感染していて、どうやってオリンピックに呼べるのか」っていう話になりますよね。

質問者A　そうですね。

五島勉　だから、それぞれの国で競技をやってもらって、全国、全世界のを集めてやるとか、そんなふうになりますかねえ。分かりませんけど。少なくとも、マスクをかけて柔道（じゅうどう）をしたりは、ちょっとできないでしょうねえ。

質問者A　できないと思います。

五島勉　だから、これ、意外にもうちょっと長引くので、一年後を訊(き)かれれば、数字は全然違(ちが)ったものになっている。

また、次の病気が出ないとは限らないので。洪水がいっぱいあるようだったら、伝染病等はいっぱい起きてくるものなので。

今、「無駄(むだ)なもの」がみんな潰(つぶ)れていこうとしている

五島勉　今こそ、これは、宗教がやっぱり広がらなくてはいけないところです。（前掲(ぜんけい)の産経新聞の「産経抄(しょう)」を見て）ここに書いてあるけど、竹下節子(たけしたせつこ)という、私のあたりを〝裏返して〟いくような人もいるんだよな。「こういう信じていない人は、研究するな」って言いたくなるんですけど。

質問者Ａ　そうですね。

五島勉　こういうものを裏返して、新宗教とかをみんな否定してかかってくる人だと思うけど、こういう者もいるから。唯物論者だけではなくて、研究者であって全部、否定してくるような者もいるかもしれない。

ただ、「神の実力行使」が必要なときもあるかもしれない。今、ちょっと様子を見ているところだね。

幸福の科学は海外に広げにくいとは思うけど、広げにくいときに頑張って、でも、広げなくてはいけないし、日本でも、もっと広げなくてはいけないと思う。「火事場泥棒」みたいな批判はきっと出てくるとは思うけれども、マスコミ自体が終わりを迎えようとしているかもしれないので、紙の新聞とかは、もしかしたら終わるかもしれない。オーストラリアでは、「二十紙から三十何紙もなくなった」って言っているぐらいですから。

もう、今、「無駄(むだ)なもの」がみんな潰(つぶ)れていこうとしている。芸能界もみんな潰れていこうとしているでしょう? 無駄なエンタメとか、くだらないジョークス系のものとか、劇とか、映画とか、ドラマとか、みんな潰れていこうとしているんで。

これは、もしかしたら、本当に「世界の大掃除(おおそうじ)」になる可能性があって、本当に必要なものしか残らないようなところまで行くかもしれない。

これについては、私なんか、死にたての人にはもう無理だから、もうちょっと権威(けんい)のある方に訊いてください。

質問者A　はい。

五島勉　ただ、幸福の科学がもう一段広がるきっかけには、きっとなるんではないかと思います。あまり利用しているように思われないよう、上手にやったほうがいいと思いますけどね。

質問者B　はい、分かりました。「智慧（ちえ）」と「信じる勇気」を持って、メッセージを伝えていきたいと思います。

「予言者の一人に、将来、してくれればありがたい」

五島勉　まあ、「そんな悪人ではなかった」っていう印象だけを持ってくれれば、まあ……。

質問者B　はい（笑）。

質問者Ａ　よい印象を持ちました。はい。

五島勉　本当にありがたい。「予言者の一人に、将来、してくれればありがたい」と思っていますので。

質問者Ａ　貴重なお話とアドバイスをありがとうございました。

五島勉　「幸福の科学を世に知らしめる役に立った」っていうことだけでも、私は貢献したと思っているので、「成仏させていただきたいな」と、今、深く願っています。

質問者Ａ　分かりました。

五島勉　よろしくお願いします。

質問者Ａ　本日は、本当にありがとうございました。

8　五島勉氏の霊言(れいげん)を終えて

大川隆法　（手を一回叩(たた)く）じゃあ、以上とします。

おそらく、若い人は、もうあまり関心がないと思うけれども、六十代前後の方はかなり数が多く、五十代、六十代、七十代の人たちは、「五島勉の霊言(れいげん)は、なんで出ないんだ」と思っているかもしれないから、「ああ、出たか！」という感じになるかもしれません。

質問者Ａ　そうですね。

大川隆法　彼らは、「先駆け」というか、「先触れ」なのでしょうから、（私たちは）本格的なことをやらなくてはいけないと思っています。コロナウィルス禍でも元気に宗教活動をやりたいと思います。

質問者A　はい。頑張ってまいります。

本日は、まことにありがとうございました。

あとがき

『ノストラダムスの予言』を思い返してみると、悲喜こもごもの感慨が湧いてきて、言葉として書くのは難しい。

ただ本書中にもあるように、私自身が一九八六年に『太陽の法』を書き、「釈尊」の前身としての「ヘルメス」という大神霊がいたことを発表し、釈尊とヘルメスの二つの要素を持った宗教として幸福の科学の伝道を進めはじめてから、ノストラダムスの『諸世紀』の翻訳として、「東の国にヘルメスが甦り、『太陽の法』が説かれる時、私（ノストラダムス）の予言は終わる。ヘルメスの繁栄が人類を導く。」といった趣旨の言葉が出て来た時には驚いた。私はもちろん、ノストラダムスの発言は知らずに『太陽の法』を書いたし、この主著は、全世界で数千万部以上のベストセラーになっていた。

五島勉さんが、帰天後、天国へゆくか、地獄へゆくかは、私も気にはしていたが、正統な予言者として成仏されていくなら、少しだけホッとしている。

二〇二〇年　八月四日

幸福の科学グループ創始者兼総裁　大川隆法

『五島勉「ノストラダムスの大予言」発刊の真意を語る』関連書籍

『太陽の法』（大川隆法 著　幸福の科学出版刊）
『ダイナマイト思考』（同右）
『愛は風の如く』全四巻（同右）
『中国発・新型コロナウィルス感染 霊査』（同右）
『SF作家 小松左京の霊言 「日本沈没」を回避するシナリオ』（同右）
『人類に未来はあるのか――黙示録のヨハネ＆モーセの予言――』（同右）

五島勉「ノストラダムスの大予言」発刊の真意を語る

2020年8月12日　初版第1刷

著　者　　大　川　隆　法

発行所　　幸福の科学出版株式会社

〒107-0052 東京都港区赤坂2丁目10番8号
TEL(03)5573-7700
https://www.irhpress.co.jp/

印刷・製本　株式会社 堀内印刷所

ISBN978-4-8233-0205-3 C0014

大川隆法 霊言シリーズ・人類の未来ビジョンを語る

釈尊の未来予言

新型コロナ危機の今と、その先をどう読むか──。「アジアの光」と呼ばれた釈尊が、答えなき混沌の時代に、世界の進むべき道筋と人類の未来を指し示す。

1,400円

シヴァ神の眼から観た地球の未来計画

コロナはまだ序章にすぎないのか？ 米中覇権戦争の行方は？ ヒンドゥー教の最高神の一柱・シヴァ神の中核意識より、地球の未来計画の一部が明かされる。

1,400円

トマス・モアのユートピアの未来

コロナ・パンデミック、ブレグジット問題、AIによる監視社会など、混乱を極める世界において、真の「ユートピア」を実現するための見取り図を示す。

1,400円

大中華帝国崩壊への序曲

中国の女神 洞庭湖娘娘、泰山娘娘／アフリカのズールー神の霊言

唯物論・無神論の国家が世界帝国になることはありえない──。コロナ禍に加え、バッタ襲来、大洪水等、中国で相次ぐ天災の「神意」と「近未来予測」。

1,400円

※表示価格は本体価格(税別)です。

大川隆法霊言シリーズ・現代文明への警告

イエス・キリストは コロナ・パンデミックを こう考える

中国発の新型コロナウィルス感染がキリスト教国で拡大している理由とは？ 天上界のイエスが、世界的な猛威への見解と「真実の救済」とは何かを語る。

1,400 円

中国発・新型コロナウィルス 人類への教訓は何か

北里柴三郎 R・A・ゴールの霊言

未曾有のウィルス蔓延で、文明の岐路に立つ人類――。日本の細菌学の父による「対策の要点」と、宇宙の視点から見た「世界情勢の展望」が示される。

1,400 円

天照大神（あまてらすおおみかみ）の御本心（ごほんしん）

「地球神」の霊流を引く
「太陽の女神」の憂いと願い

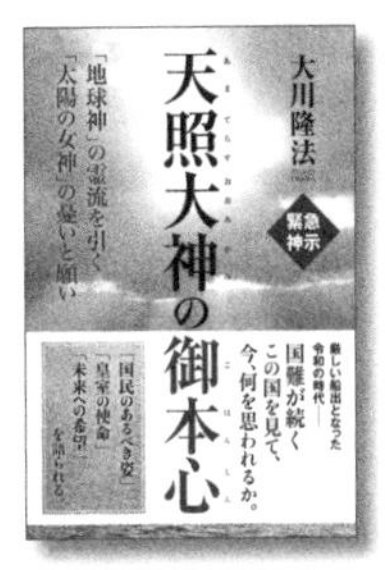

「太陽の女神」天照大神による、コロナ・パンデミックとその後についての霊言。国難が続く令和における、国民のあるべき姿、日本の果たすべき役割とは？

1,400 円

H・G・ウェルズの 未来社会透視リーディング

2100年――世界はこうなる

核戦争、世界国家の誕生、悪性ウイルス……。生前、多くの予言を的中させた世界的SF作家が、霊界から100年後の未来を予測する。

1,500 円

幸福の科学出版

大川隆法 ベストセラーズ・**危機の時代を生き抜くために**

人の温もりの経済学

アフターコロナのあるべき姿

世界の「自由」を護り、「経済」を再稼働させるために——。コロナ禍で蔓延する全体主義の危険性に警鐘を鳴らし、「知恵のある自助論」の必要性を説く。

1,500円

コロナ不況下のサバイバル術

恐怖ばかりを煽るメディア報道の危険性や問題点、今後の経済の見通し、心身両面から免疫力を高める方法など、コロナ危機を生き延びる武器となる一冊。

1,500円

P. F. ドラッカー「未来社会の指針を語る」

時代が要請する「危機のリーダー」とは? 世界恐慌も経験した「マネジメントの父」ドラッカーが語る、「日本再浮上への提言」と「世界を救う処方箋」。

1,500円

大恐慌時代を生き抜く知恵

松下幸之助の霊言

政府に頼らず、自分の力でサバイバルせよ! 幾多の試練をくぐり抜けた経営の神様が、コロナ不況からあなたを護り、会社を護るための知恵を語る。

1,500円

※表示価格は本体価格(税別)です。

大川隆法シリーズ・**最新刊**

鋼鉄の法

人生をしなやかに、力強く生きる

自分を鍛え抜き、迷いなき心で、闇を打ち破れ──。
人生の苦難から日本と世界が直面する難題まで、さまざまな試練を乗り越えるための方法が語られる。

2,000円

第１章　繁栄を招くための考え方
──マインドセット編

第２章　原因と結果の法則
──相応の努力なくして成功なし

第３章　高貴なる義務を果たすために
──価値を生んで他に貢献する「人」と「国」のつくり方

第４章　人生に自信を持て
──「心の王国」を築き、「世界の未来デザイン」を伝えよ

第５章　救世主の願い
──「世のために生き抜く」人生に目覚めるには

第６章　奇跡を起こす力
──透明な心、愛の実践、祈りで未来を拓け

幸福の科学の中心的な教え──「法シリーズ」

好評発売中！

幸福の科学出版

※表示価格は本体価格（税別）です。

すべてを捨て、ただ一人往く。
夜明けを信じて。
製作総指揮・原作 大川隆法
10.16
Roadshow
田中宏明 千眼美子 長谷川奈央 並樹史朗 窪塚俊介 芳本美代子 芦川よしみ 石橋保
監督／赤羽博 音楽／水澤有一 脚本／大川咲也加 製作／幸福の科学出版 製作協力／ARI Production ニュースター・プロダクション
制作プロダクション／ジャンゴフィルム 配給／日活 配給協力／東京テアトル ©2020 IRH Press
https://yoake-shinjite.jp/

幸福の科学グループのご案内

宗教、教育、政治、出版などの活動を通じて、地球的ユートピアの実現を目指しています。

幸福の科学

一九八六年に立宗。信仰の対象は、地球系霊団の最高大霊、主エル・カンターレ。世界百カ国以上の国々に信者を持ち、全人類救済という尊い使命のもと、信者は、「愛」と「悟り」と「ユートピア建設」の教えの実践、伝道に励んでいます。

（二〇二〇年八月現在）

愛

幸福の科学の「愛」とは、与える愛です。これは、仏教の慈悲(じひ)や布施(ふせ)の精神と同じことです。信者は、仏法真理をお伝えすることを通して、多くの方に幸福な人生を送っていただくための活動に励んでいます。

悟り

「悟り」とは、自らが仏の子であることを知るということです。教学(きょうがく)や精神統一によって心を磨き、智慧(ちえ)を得て悩みを解決すると共に、天使・菩薩(ぼさつ)の境地を目指し、より多くの人を救える力を身につけていきます。

ユートピア建設

私たち人間は、地上に理想世界を建設するという尊い使命を持って生まれてきています。社会の悪を押しとどめ、善を推し進めるために、信者はさまざまな活動に積極的に参加しています。

国内外の世界で貧困や災害、心の病で苦しんでいる人々に対しては、現地メンバーや支援団体と連携して、物心両面にわたり、あらゆる手段で手を差し伸べています。

年間約２万人の自殺者を減らすため、全国各地で街頭キャンペーンを展開しています。

公式サイト **www.withyou-hs.net**

ヘレン・ケラーを理想として活動する、ハンディキャップを持つ方とボランティアの会です。視聴覚障害者、肢体不自由な方々に仏法真理を学んでいただくための、さまざまなサポートをしています。

公式サイト **www.helen-hs.net**

入会のご案内

幸福の科学では、大川隆法総裁が説く仏法真理（ぶっぽうしんり）をもとに、「どうすれば幸福になれるのか、また、他の人を幸福にできるのか」を学び、実践しています。

仏法真理を学んでみたい方へ

大川隆法総裁の教えを信じ、学ぼうとする方なら、どなたでも入会できます。入会された方には、『入会版「正心法語（しょうしんほうご）」』が授与されます。

ネット入会　入会ご希望の方はネットからも入会できます。
happy-science.jp/joinus

信仰をさらに深めたい方へ

仏弟子としてさらに信仰を深めたい方は、仏（ぶっ）・法（ぽう）・僧（そう）の三宝（さんぼう）への帰依を誓う「三帰誓願式」を受けることができます。三帰誓願者には、『仏説・正心法語』『祈願文（きがんもん）①』『祈願文②』『エル・カンターレへの祈り』が授与されます。

幸福の科学 サービスセンター
TEL 03-5793-1727
受付時間／
火～金：10～20時
土・日祝：10～18時
（月曜を除く）

幸福の科学 公式サイト
happy-science.jp

HSU ハッピー・サイエンス・ユニバーシティ

Happy Science University

ハッピー・サイエンス・ユニバーシティとは

ハッピー・サイエンス・ユニバーシティ（HSU）は、大川隆法総裁が設立された「現代の松下村塾」であり、「日本発の本格私学」です。建学の精神として「幸福の探究と新文明の創造」を掲げ、チャレンジ精神にあふれ、新時代を切り拓く人材の輩出を目指します。

人間幸福学部　経営成功学部　未来産業学部

HSU長生キャンパス TEL **0475-32-7770**

〒299-4325　千葉県長生郡長生村一松丙 4427-1

未来創造学部

HSU未来創造・東京キャンパス

TEL **03-3699-7707**

〒136-0076　東京都江東区南砂2-6-5

公式サイト **happy-science.university**

学校法人 幸福の科学学園

学校法人 幸福の科学学園は、幸福の科学の教育理念のもとにつくられた教育機関です。人間にとって最も大切な宗教教育の導入を通じて精神性を高めながら、ユートピア建設に貢献する人材輩出を目指しています。

幸福の科学学園

中学校・高等学校（那須本校）

2010年4月開校・栃木県那須郡（男女共学・全寮制）

TEL **0287-75-7777** 公式サイト **happy-science.ac.jp**

関西中学校・高等学校（関西校）

2013年4月開校・滋賀県大津市（男女共学・寮及び通学）

TEL **077-573-7774** 公式サイト **kansai.happy-science.ac.jp**

仏法真理塾「サクセスNo.1」

全国に本校・拠点・支部校を展開する、幸福の科学による信仰教育の機関です。小学生・中学生・高校生を対象に、信仰教育・徳育にウエイトを置きつつ、将来、社会人として活躍するための学力養成にも力を注いでいます。

TEL 03-5750-0751（東京本校）

エンゼルプランV

東京本校を中心に、全国に支部教室を展開しています。信仰に基づいて、幼児の心を豊かに育む情操教育を行っています。また、知育や創造活動を通して、子どもの個性を大切に伸ばし、天使に育てる幼児教室です。

TEL 03-5750-0757（東京本校）

不登校児支援スクール「ネバー・マインド」

TEL 03-5750-1741

心の面からのアプローチを重視して、不登校の子供たちを支援しています。

ユー・アー・エンゼル！（あなたは天使！）運動

障害児の不安や悩みに取り組み、ご両親を励まし、勇気づける、障害児支援のボランティア運動を展開しています。

一般社団法人 ユー・アー・エンゼル

TEL 03-6426-7797

NPO活動支援

いじめから子供を守ろう ネットワーク

学校からのいじめ追放を目指し、さまざまな社会提言をしています。また、各地でのシンポジウムや学校への啓発ポスター掲示等に取り組む一般財団法人「いじめから子供を守ろうネットワーク」を支援しています。

公式サイト mamoro.org　ブログ blog.mamoro.org

相談窓口 TEL.03-5544-8989

百歳まで生きる会

「百歳まで生きる会」は、生涯現役人生を掲げ、友達づくり、生きがいづくりをめざしている幸福の科学のシニア信者の集まりです。

シニア・プラン21

生涯反省で人生を再生・新生し、希望に満ちた生涯現役人生を生きる仏法真理道場です。定期的に開催される研修には、年齢を問わず、多くの方が参加しています。全世界212カ所（国内197カ所、海外15カ所）で開校中。

【東京校】 TEL 03-6384-0778　FAX 03-6384-0779

メール senior-plan@kofuku-no-kagaku.or.jp

幸福実現党

内憂外患（ないゆうがいかん）の国難に立ち向かうべく、2009年5月に幸福実現党を立党しました。創立者である大川隆法党総裁の精神的指導のもと、宗教だけでは解決できない問題に取り組み、幸福を具体化するための力になっています。

党の機関紙
「幸福実現党NEWS」

幸福実現党 釈量子サイト **shaku-ryoko.net**
Twitter **釈量子@shakuryoko**で検索

幸福実現党 党員募集中

あなたも幸福を実現する政治に参画しませんか。

○幸福実現党の理念と綱領、政策に賛同する18歳以上の方なら、どなたでも参加いただけます。

○党費：正党員（年額5千円［学生 年額2千円］）、特別党員（年額10万円以上）、家族党員（年額2千円）

○党員資格は党費を入金された日から1年間です。

○正党員、特別党員の皆様には機関紙「幸福実現党NEWS（党員版）」（不定期発行）が送付されます。

＊申込書は、下記、幸福実現党公式サイトでダウンロードできます。
住所：〒107-0052 東京都港区赤坂2-10-8 6階 幸福実現党本部
TEL **03-6441-0754** FAX **03-6441-0764**
公式サイト **hr-party.jp**

幸福の科学出版

大川隆法総裁の仏法真理の書を中心に、ビジネス、自己啓発、小説など、さまざまなジャンルの書籍・雑誌を出版しています。他にも、映画事業、文学・学術発展のための振興事業、テレビ・ラジオ番組の提供など、幸福の科学文化を広げる事業を行っています。

アー・ユー・ハッピー？
are-you-happy.com

ザ・リバティ
the-liberty.com

幸福の科学出版
TEL **03-5573-7700**
公式サイト **irhpress.co.jp**

ザ・ファクト
マスコミが報道しない
「事実」を世界に伝える
ネット・オピニオン番組

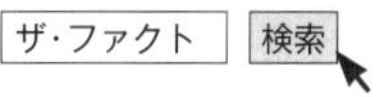

ニュースター・プロダクション

「新時代の美」を創造する芸能プロダクションです。多くの方々に良き感化を与えられるような魅力あふれるタレントを世に送り出すべく、日々、活動しています。 公式サイト **newstarpro.co.jp**

ARI Production

ARI Production

タレント一人ひとりの個性や魅力を引き出し、「新時代を創造するエンターテインメント」をコンセプトに、世の中に精神的価値のある作品を提供していく芸能プロダクションです。 公式サイト **aripro.co.jp**